Contents

고등학교 졸업자격

검정고시의 정석

최신 개정판

이타임라이프
편집부 저

사회

Part 1

삶의 이해와 환경

01 인간, 사회, 환경과 행복

01 | 인간, 사회, 환경을 바라보는 시각

1. 인간, 사회, 환경의 탐구

(1) **인간, 사회, 환경의 탐구 필요성** : 인간은 사회, 환경과 상호작용하면서 서로 영향을 주는 존재이기 때문에

(2) **인간, 사회, 환경의 탐구 방법** : 시간적 관점, 공간적 관점, 사회적 관점, 윤리적 관점 등 다양한 관점에서 탐구해야 함

2. 인간, 사회, 환경을 바라보는 여러 가지 관점

(1) 시간적 관점

1) **의미** : 과거로부터 변화해 온 자취를 통해 시대적 배경과 맥락에 초점을 두고 바라보는 것

2) **특징** : 사회 현상이 일어나는 이유를 알고, 나타난 현상이나 문제에 대한 예측과 해결 방안을 찾는 데 도움이 될 수 있음

3) **탐구방법** : 특정 현상과 관련된 과거의 자료를 수집하여 과거와 현재의 관계를 탐구함

예 고령화 현상에 대한 시간적 관점 : 1960년대 산업화 과정에서 가족계획(산아제한)이 적극적으로 시행되었고 이후 소득증가로 개인주의 가치관이 더해지고 평균수명이 늘어나면서 고령화 현상이 나타났다.

(2) 공간적 관점

1) **의미** : 다양한 현상을 위치와 장소, 분포양상과 형성과정, 이동과 네트워크 등의 공간적 맥락에서 살피는 것

2) **특징**

① 지역 간 차이를 비교하고 사회 현상에 대한 환경의 영향을 파악하는 데 도움이 될 수 있음

② 각 지역의 네트워크 형성과 상호작용, 지역변화를 살펴보는 데 유용함

3) **탐구방법** : 자연환경 및 인문환경이 인간의 삶에 미치는 영향을 분석함

예 고령화 현상에 대한 공간적 관점 : 이촌향도 현상으로 젊은 사람들이 도시로 꾸준히 이동하면서 농촌 지역의 고령인구 비율이 도시 지역보다 더 높게 나타나고 있다.

(3) 사회적 관점

1) **의미** : 특정 사회 현상에 대한 사회제도, 사회정책, 사회구조의 영향력을 분석하고 이해하는 것

2) **특징**

① 사회 분석을 통해 개인의 행위를 이해할 수 있음

② 사회 현상이 발생한 원인이나 배경을 이해하고 그 현상이 개인이나 사회에 미치는 영향을 파악할 수 있고 나아가 정책 대안을 마련하는 데 도움이 될 수 있음

3) **탐구방법** : 개인과 집단의 행위에 영향을 미치는 정치적 · 경제적 · 문화적 제도 및 시민의 권리와 의무를 이해하는 데 관심을 가짐

예 고령화 현상에 대한 사회적 관점 : 고령화로 노년부양비가 높아지고 노인 부양을 위한 정부의 사회복지 부담이 대폭적으로 늘어나게 된다.

(4) 윤리적 관점

1) **의미** : 인간의 양심과 규범적 차원에서 사회 문제를 살펴보고 바람직한 사회를 실현하기 위한 방안을 살펴보는 것

2) **특징** : 변화하는 사회에서 어떻게 하면 바람직하고 행복한 삶을 살아갈 수 있을까를 성찰하고 다양한 사회 문제의 바람직한 해결책을 모색하는 데 도움을 줄 수 있음

3) **탐구방법** : 도덕적 가치의 관점에서 다양한 사회 현상을 설명하고 평가함

예 고령화 현상에 대한 윤리적 관점 : 고령화로 인해 노인부양은 가족의 책임이라는 가치관이 점차 약화되고 가족, 사회, 국가가 함께 노력해야 한다는 사회윤리적인 가치관이 증가하고 있다.

3. 통합적 관점

(1) 의미 : 사회 현상을 시간적, 공간적, 사회적, 윤리적 관점을 모두 고려하여 통합적으로 살피는 것

(2) 필요성 : 사회 현상은 다양한 요인들이 복합적으로 작용하므로 균형 있는 관점으로 종합적으로 이해해야 제대로 파악할 수 있기 때문에(개별적 관점의 한계 극복)

(3) 효과

1) 사회 현상에 대한 균형 있는 관점을 가질 수 있음
2) 사회 문제에 대한 다각적인 해결 방안을 생각해 볼 수 있음
3) 현상을 종합적으로 이해할 수 있기 때문에 인간과 사회에 대한 통찰력을 기를 수 있음

(4) 통합적으로 사고하기 위한 방법

1) 네 가지 관점(시간적, 공간적, 사회적, 윤리적 관점)에서 현상을 이해하는 데 필요한 탐구 주제를 선정함
2) 선정한 주제에 대해 자료를 수집하고 탐구함
3) 탐구가 충분히 이루어진 후에는 탐구 내용을 종합하여 현상을 바라봄

02 | 행복의 기준과 행복의 진정한 의미

1. 행복의 의미

(1) 행복의 의미 : 만족감과 기쁨을 느끼는 상태

(2) 행복의 다양성 : 사람들이 느끼는 행복의 기준은 시대와 장소에 따라 다양함

(3) 사람들이 행복하다고 느끼는 사례들 : 목표를 달성했을 때 느끼는 성취감, 가족이 화목하게 지내는 것, 스스로 만족하고 평정심을 잃지 않는 것, 다른 사람을 위해 봉사하면서 느끼는 보람 등

(4) 동양에서의 행복

1) **유교** : 하늘에서 받은 도덕적 본성을 함양하고 다른 사람과 더불어 살면서 인(仁)을 실현하는 것이 행복
2) **불교** : 불성(佛性)을 바탕으로 '나'라는 의식을 벗어 버리기 위한 수행과 고통 받는 중생을 구제하는 실천을 통해 해탈의 경지에 이르는 것이 행복
3) **도교** : 타고난 본성에 따라 인위적이지 않은 자연 그대로의 모습으로 살아가는 것이 행복 ⇒ 무위자연

(5) 서양에서의 행복

1) **아리스토텔레스** : 인생의 궁극적인 목표는 행복, 행복은 이성의 기능이 잘 발휘될 때 달성된다고 봄
2) **에피쿠로스 학파** : 고통 없는 육체, 불안 없는 마음, 평온한 삶이 행복
3) **스토아 학파** : 이성적 통찰에 근거한 금욕하는 삶, 욕망에 흔들리지 않는 태도로 자연의 질서에 따라 사는 것
4) **칸트** : 자신의 상황에 만족하는 것이 행복, 도덕법칙을 당연히 지키는 사람이 행복을 누릴 자격이 있음
5) **벤담(공리주의)** : 행복을 쾌락이라고 생각했고 이를 삶의 목적으로 제시, '최대 다수의 최대 행복'을 주장

2. 행복의 기준

(1) 시대 상황에 따른 행복의 기준(지배적인 가치나 사상, 사회 변화 등이 영향을 줌)

1) **선사 시대** : 재해를 피해 생존을 위한 의식주의 확보가 행복의 기준
2) **고대 그리스 시대** : 철학적 지적 활동을 통해 얻는 지혜와 덕이 행복의 기준
3) **헬레니즘 시대** : 전쟁과 사회 혼란에서 벗어나는 것이 행복의 기준
4) **서양 중세 시대** : 종교적으로 신과 하나가 되어 신에게 구원을 얻는 것이 행복의 기준
5) **산업화 시대** : 물질적인 풍요가 행복의 기준
6) **현대** : 개인이 느끼는 주관적인 만족감이 과거보다 중시됨

(2) 지역 여건에 따른 행복의 기준

1) **자연환경** : 기후나 지형에 따라 얻을 수 있는 것에 행복을 느끼거나 반대로 환경적인 결핍을 채우면서 행복을 느낌

   예 물이 부족한 사막에서 오아시스를 발견하거나 일조량이 부족한 북유럽에서 햇볕을 쬘 수 있는 것이 행복

2) **인문환경** : 종교, 문화, 산업 등 인문환경에 따라 행복의 기준이 달라짐

   예 종교가 발달한 지역에서 종교교리를 실천하는 삶을 살 수 있거나 민족이나 종교 갈등이 심한 지역은 정치적 안정과 평화가 실현되는 것, 기아와 질병이 만연한 지역은 빈곤에서 탈출하는 것이 행복의 기준

행복의 기준

- 객관적 기준 : 의식주, 고용, 소득, 건강(수명), 교육 등 수치화 가능한 것
- 주관적 기준 : 자신의 삶에 대해 느끼는 만족도로, 자신의 견해나 관점을 기초로 함

3. 삶의 목적과 행복

(1) 삶의 목적으로서의 행복

1) 사랑이나 직업에서의 성공, 재물이나 명예 → 모두 행복해지기 위한 수단에 불과
2) **진정한 행복의 성격** : 일시적이고 감각적인 만족이나 즐거움, 단기적인 성취에 있는 것이 아니라 목적적이고 본질적인 것
3) 사람들의 삶의 모습과 행복의 기준은 저마다 다르지만, 결국 궁극적으로 추구하는 삶의 목적은 행복이라고 할 수 있음

(2) 내 삶에서 행복의 의미

1) 물질적, 정신적 가치의 조화로운 추구
2) 행복은 자신이 가진 것을 인정하고 자기 삶에 만족할 때 가질 수 있음
→ 안분지족(安分知足)
3) 의미 있는 목표의 설정과 추구 → 자아실현
4) 개인의 주관적 만족감과 사회 구성원들의 사회적 여건을 함께 고려
5) 다양한 행복의 기준과 그에 따라 살아가는 삶의 모습을 이해하고, 각자의 삶에서 행복의 의미를 능동적으로 성찰하는 자세가 필요함

03 | 행복한 삶을 실현하기 위한 조건

1. 질 높은 정주 환경의 조성

(1) **정주 환경의 의미** : 정착해 살고 있는 지역의 생존환경을 말함, 일상생활의 전영역(주거, 문화, 여가, 자연환경 등)을 광범위하게 일컫는 말

(2) 질 높은 정주 환경

1) **의미** : 안락한 주거환경과 위생시설, 교육시설과 의료시설 등이 충분히 갖추어져 있고 정치적으로 안정된 곳을 말함
2) **필요성** : 질 높은 정주 환경은 인간의 지각, 태도, 감정에 영향을 미쳐 특정한 장소에 정서적 유대감을 느끼게 함. 질 높은 정주 환경은 그 곳에서 살아가는 사람들의 역사를 담고 있어 인간의 행복과 긴밀한 관련을 맺음

3) 질 높은 정주 환경을 만들기 위한 노력

① 주거환경의 안락함과 편리함 확보 : 정부의 적극적인 주택개발정책, 대중교통의 확충 등

② 교육과 의료시설의 확충 : 국민들에게 일정한 교육과 의료혜택 제공

③ 삶의 질 개선을 위한 시설 확충 : 문화, 예술, 체육, 복지 시설의 마련

④ 생태 환경의 조성 : 인간과 자연의 공존을 위해 도심 내 녹지 공간의 확대

2. 경제적 안정

(1) 경제적 안정의 필요성 : 경제적 안정이 있어야 기본적인 생계유지가 가능하고 필요를 충족할 수 있으며 건강관리가 가능하고 안락한 생활을 누릴 수 있음

(2) 경제적 안정의 내용

1) **고용안정** : 일자리 창출 및 최저 임금 보장

2) **복지 확충** : 질병과 사고, 실직 등 갑작스러운 상황에 대비 할 수 있는 복지 제도 마련

3) **경제적 불평등 해소** : 경제적 불평등(소득의 양극화)이 심화되면 사회 구성원들은 상대적 박탈감을 느낄 수 있고 이는 삶을 불행하게 만드는 요인이 되기도 함

3. 민주주의 발전

(1) 민주주의 발전의 필요성

1) 독재나 권위주의 정치 체제에서는 인권 보장이 어렵고, 그에 따라 삶의 만족감이나 행복을 느끼기 어렵기 때문에 민주주의가 필요

2) 민주주의 사회에서는 법치주의와 선거제도, 언론의 자유 보장 등을 통해 권력자의 자의적 지배를 막고 국민의 자유와 권리를 보장하게 됨에 따라 국민들이 삶에 대한 만족감과 행복감을 느낄 수 있기 때문에

(2) 민주주의 실현을 위한 구체적인 노력

1) **민주적 제도의 마련** : 독재방지와 국민의 권리를 보장하기 위한 권력분립제도, 복수정당제, 선거제도 등의 민주적인 절차 마련

2) **참여형 정치문화의 확산** : 객체가 아닌 주체로서 자신이 속한 공동체의 문제를 해결해 나가는 경험 → 지방자치제도의 활성화, 인터넷 청원 등

민주주의와 행복의 관계

	노르웨이	아이슬란드	스웨덴	뉴질랜드	덴마크	스위스	캐나다	핀란드
세계 민주주의 지수 순위	1위	2위	3위	4위	5위	6위	7위	8위
세계 행복 지수 순위	4위	3위	10위	8위	1위	2위	6위	5위

- 세계 민주주의 순위 8위권 국가들 대부분의 행복지수가 10위권 안에 위치하는 것을 본다면 민주주의와 행복은 밀접한 관계가 있음을 알 수 있다. (출처 : 이코노미스트, 국제연합, 2016)

3) 정치 참여의 다양한 방법

① 주권자로서 선거 등에 적극적으로 참여

② 직접 후보자가 되어 공직자로 선출되거나 집회나 시위 등을 통해 직접 의사 표현

③ 언론투고, 행정기관에 대한 진정, 건의, 청원 등을 통해 권력 감시

④ 시민단체, 정당, 이익집단 등을 통한 집단적인 사회참여

4. 도덕적 실천과 성찰하는 삶

(1) 도덕적 실천

1) 도덕적 성찰의 의미 : 자신의 행동과 삶을 도덕적 측면에서 반성해 보는 것

→ 자신에 대한 도덕적 성찰은 도덕적 실천으로 이어질 수 있음

2) 도덕적 실천의 필요성

① 도덕적 실천이 전제되지 않으면 스스로에게 떳떳하지 못하기 때문에

② 도덕적 실천을 통해 개인은 만족감과 행복감을 얻을 수 있기 때문에

③ 도덕적 실천 의지는 하루아침에 길러지는 것이 아니므로, 일상생활에서 도덕적 실천을 행동으로 옮기기 위한 노력이 필요

(2) 도덕적 실천과 행복 실현 간의 관계

1) 사회 구성원이 도덕적으로 행동하고 성찰하는 삶을 추구하면 개인뿐만 아니라 사회 전체의 행복 수준도 함께 올라감

2) 사람들이 각자의 행복을 지나치게 추구하다 보면 다른 사람의 행복을 침해할 수도 있는데, 도덕 수준이 높은 사회에서는 이러한 문제를 최소화 할 수 있음

3) 개인들의 도덕적 실천이 쌓여 그 사회의 도덕 수준이 올라가면, 사회 구성원 모두가 서로를 존중하고 배려하는 행복한 삶을 누릴 수 있음

도덕적 실천의 구체적인 내용

- 역지사지의 마음 : 자신과 이웃에 대해 다른 사람의 입장에서 상황을 바라볼 줄 아는 역지사지의 마음을 가짐
- 사회적 약자 배려 : 사회적 약자의 고통에 공감하며 이를 시정하기 위해 기부나 봉사활동 등을 하는 것

01 세상을 (　　　) 관점에서 바라본다는 것은 어떤 현상이나 사건의 현재 모습이 있기까지 변화의 자취를 통해 시대적 배경과 맥락을 살펴보는 것을 의미한다.

02 세상을 (　　　) 관점에서 바라본다는 것은 인간을 둘러싼 자연환경과 인문환경을 이해하고, 인간이 살아가는 장소, 지역의 위치나 형태에 관한 공간 정보를 살펴보는 것을 의미한다.

03 세상을 (　　　) 관점에서 바라본다는 것은 특정한 현상이 나타나게 된 배경을 사회 구조 및 제도의 측면에서 분석하고 대안을 살펴보는 것을 의미한다.

04 세상을 (　　　) 관점에서 바라본다는 것은 인간의 행위가 도덕적 차원에서 인정받기 위한 기준을 탐색하고 바람직한 삶의 모습을 살펴보는 것을 의미한다.

05 (　　　) 관점이란 구체적인 사회 현상을 시대적 배경과 맥락, 장소와 영역 및 네트워크 등의 공간 정보, 사회 구조 및 제도의 영향력, 규범적 방향성과 가치 등을 고려하여 통합적으로 살펴보는 것을 의미한다.

06 삶에서 충분한 만족감이나 기쁨을 느끼는 상태를 (　　　)이라고 한다.

07 유교에서는 (　　　)을 실현하는 것을 행복으로 보았고, 불교에서는 수행을 통해 중생을 구제해 (　　　)의 경지에 이르는 것을 행복으로 보았다.

08 아리스토텔레스는 행복은 (　　　　)의 기능을 잘 발휘할 때 달성된다고 보았고 벤담은 쾌락을 중시해 '(　　　　)의 최대 행복'이 중요하다고 강조했다.

09 행복한 삶을 위해서는 자신을 되돌아보는 (　　　　)이 중요하다.

10 인간이 정착해서 살아가고 있는 지역의 생존환경을 (　　　　)이라고 한다.

11 국가는 국민의 경제적 안정을 위해 실업급여 제공, 사회보험 마련 등 다양한 (　　　　)을 마련해야 한다.

12 민주주의는 국민이 (　　　　)을 가지고 국가를 스스로 다스려야 한다는 이념이다.

13 도덕적 성찰은 자신을 도덕적 관점에서 반성해 보는 것으로 도덕적 (　　　　)으로 연결될 수 있다.

정답
1. 시간적 2. 공간적 3. 사회적 4. 윤리적 5. 통합적
6. 행복 7. 인(仁), 해탈 8. 이성, 최대 다수 9. 성찰 10. 정주 환경
11. 복지정책 12. 주권 13. 실천

02 자연환경과 인간

01 | 자연환경과 인간 생활

1. 자연환경이 인간 생활에 끼치는 영향

(1) 기온에 따른 생활양식의 차이

1) 열대 기후 지역과 한대 기후 지역의 생활양식 차이

	열대 기후	한대 기후
의	얇고 간편하며 헐렁한 의복 → 열배출과 통풍에 유리	동물가죽이나 털 등으로 만든 의복 → 보온에 유리
식	향신료 첨가, 기름에 볶는 요리 발달 → 음식의 부패방지	육류(날고기) 중심으로 구성 → 기후 여건상 곡물재배가 어려움
주	개방적인 구조, 고상가옥 → 통풍이 잘되고 습기, 지열, 해충 등이 올라오는 것을 막음	폐쇄적인 구조 → 난방과 보온에 유리

2) **냉대와 온대 기후 지역의 생활양식**

: 4계절 뚜렷 → 더위와 추위를 모두 극복할 수 있는 생활양식이 나타남

3) **최근의 변화** : 기술의 발달로 지역 간 생활양식의 차이 감소 추세

▲ 열대 기후 전통가옥

▲ 지중해성 기후 전통가옥(산토리니지역)

▲ 한대 기후 전통가옥

(2) 강수량에 따른 전통 가옥의 차이

1) **열대우림** : 강수량이 많아(스콜) 비가 잘 흘러내리도록 지붕의 경사를 급하게 만듦

2) **건조 기후**

① 사막 : 나무가 부족해 쉽게 구할 수 있는 흙이나 벽돌집을 지음, 평평한 지붕, 햇빛과 모래바람을 막기 위한 폐쇄적 구조(작은 창, 두꺼운 벽 등), 그늘을 만들기 위한 좁은 골목 등

② 스텝 : 유목이 발달하여 이동하기에 편리하도록 천막집(게르)을 짓는 경우가 많음

3) **지중해 연안** : 여름의 고온 건조한 기후로 인해 햇빛 반사를 위해 하얀색으로 칠한 가옥들이 많음

4) **최근의 변화** : 건축 기술의 발달과 건축 재료의 발달로 지역 차이가 감소 추세

(3) 지형에 따른 생활양식의 차이

1) **산지** : 해발고도가 높고 경사가 급해 거주에 불리한 편 → 주로 밭농사, 고산 지역에 잘 적응하는 가축 사육, 관광 산업 발달 등

2) **평야** : 경지 개간, 교통로 건설 등에 유리 → 주로 벼농사나 밀 농사, 교통의 요지에는 도시 성장

3) **해안** : 육지와 바다가 만나는 곳으로 거주에 유리 → 농업 및 어업과 관련한 생활양식 발달, 항구 도시, 염전이나 양식업 발달

4) **독특한 경관이 나타나는 지역** : 화산지형, 카르스트 지형, 빙하지형 등 → 세계적인 관광지로 성장한 지역이 많음 예 제주도, 베트남 하롱베이, 알프스산맥의 마테호른 등

▲ 제주도(화산지형)

▲ 베트남 하롱베이(석회암지형)

▲ 스위스 마테호른(빙하지형)

2. 안전하고 쾌적하게 살아갈 시민의 권리

(1) 자연재해의 의미와 유형

1) **의미** : 기후, 지형 등의 자연환경 요소들이 인간의 안전한 생활을 위협하면서 피해를 주는 현상

2) 유형

① 기상재해 : 홍수, 태풍, 강풍, 폭설, 가뭄 등

② 지형재해 : 화산, 지진, 지진해일(쓰나미) 등

3) 자연재해에 따른 피해와 대책

① 피해 : 인명피해, 산업과 경제피해(농경지 훼손, 산업시설 파손, 주택파손 등), 기반시설 피해(도로, 항만, 통신 시설의 파괴 등)

② 대책 : 사전예측과 방어시설 구축, 신속한 대피 및 복구 대책 미리 수립

(2) 안전하고 쾌적한 환경에서 살아갈 시민의 권리

1) 헌법에 보장된 권리 : 헌법 정신에 따라 『자연재해대책법』,『재난 및 안전관리기본법』, 『국민 안전교육 진흥 기본법』 등의 법률 제정

> **안전 관련 헌법 조항**
> - 제34조 : 국가는 재해를 예방하고, 그 위험으로부터 국민을 보호하기 위해 노력하여야 한다.
> - 제35조 : 모든 국민은 건강하고 쾌적한 환경에서 생활할 권리를 가지며, 국가와 국민은 환경 보전을 위하여 노력하여야 한다.

2) 안전하고 쾌적한 환경에서 살아갈 시민의 권리 보장을 위한 시민과 국가의 노력

① 시민 : 재난 대응 훈련에 적극 참여, 공동체의 빠른 회복을 위해 함께 노력하는 성숙한 시민 의식 필요

② 국가 : 개인의 안전과 행복을 위해 노력할 책임 있음, 재해 예방을 비롯해 복구와 지원에 대한 정책 수립 → 스마트 재난 관리 시스템 구축, 재해발생시 즉각적인 복구와 피해 보상 지원

02 | 인간과 자연의 관계

1. 인간중심주의 자연관

(1) 의미 : 인간을 가장 가치 있는 존재로 여기고 인간과 자연의 관계에서 인간의 이익을 먼저 고려하는 관점 → 자연을 개발 대상으로 보고 이용하도록 해 인간에게 경제적 풍요를 가져다 줌

(2) 특징

1) 이분법적 관점 : 인간은 자연의 한 부분이 아니라 자연으로부터 분리, 독립된 존재로서 자연보다 우월한 존재라고 여김

2) **자연의 도구적 가치 강조** : 동식물을 포함한 자연의 모든 구성 요소는 그 자체로 가치 있는 것이 아니라 인간의 풍요로운 삶을 위한 도구에 불과하다고 여김

(3) 인간중심주의 사상가

1) **아리스토텔레스** : "식물은 동물의 생존을 위해, 동물은 인간의 생존을 위해 존재한다."
2) **아퀴나스** : "신의 섭리에 따라 동물은 인간이 사용하도록 운명지어졌다."
3) **베이컨** : "방황하고 있는 자연을 사냥해서 노예로 만들어 인간의 이익에 봉사하도록 해야한다."
4) **데카르트** : "우리는 자연의 주인이자 소유자가 될 수 있다. 인간은 정신을 소유한 존엄한 존재지만, 자연은 의식 없는 단순한 물질이다."
5) **칸트** : "동물에 대한 우리의 의무는 인간성 실현을 위한 간접적인 도덕적 의무에 불과하다."

(4) 평가

1) **긍정적 평가** : 과학기술의 발전과 경제 성장에 도움을 줌
2) **부정적 평가** : 자연을 수단으로 취급하여 자원고갈, 환경오염, 생태계 파괴 등과 같은 환경적 위기의 원인을 제공함

2. 생태중심주의 자연관

(1) 의미 : 자연 그 자체의 가치를 인정하고 무생물을 포함한 자연 전체를 도덕적 고려 대상으로 여기는 관점 → 인간과 자연은 영향을 주고받는 관계로서 서로 조화와 균형을 이루어야 함을 강조

(2) 특징

1) **전일론적 관점** : 자연은 인간, 동 · 식물, 환경 등이 상호 의존성에 바탕을 두고 유기적으로 엮여 있는 생명 공동체
2) **자연의 내재적 가치 강조** : 자연은 그 자체로 가치를 지니고 있으므로 인간의 이익과는 상관없이 그 가치를 존중해야 한다고 봄

(3) 생태중심주의의 의의와 한계

1) **의의** : 인간과 자연의 공존을 모색하는 새로운 관점을 제시해 오늘날 환경문제를 해결하기 위한 아이디어를 제시

2) **한계** : 개별 생명체의 가치보다 생태계 전체의 이익을 우선적으로 고려하기 때문에 잘못하면 '환경 파시즘' 으로 흐를 수 있음

레오폴드의 대지윤리

대지윤리 : 생태계 전체를 하나의 유기체로 보고 공동체의 범위를 동물, 식물, 토양, 물을 비롯한 대지까지 확대하려는 입장

'바람직한 대지 이용을 오직 경제적 문제로만 생각하지 마라. 모든 물음을 경제적으로 무엇이 유리한가 하는 관점뿐만 아니라 윤리적, 심미적으로 무엇이 옳은가의 관점에서도 검토하라.' - 레오폴드, 〈모래 군의 열두 달〉 -

3. 인간과 자연의 바람직한 관계

(1) **인간과 자연의 유기적 관계** : 인간도 생태계의 일부로 다른 생명체 및 환경과 유기적 관계를 맺으며 살아가고 있음 → 대립하거나 한쪽이 우위를 가지는 관계가 아닌 공존해야 하는 관계임

(2) 인간과 자연의 공존을 위한 노력

1) 현 세대뿐만 아니라 미래 세대의 생존과 복지, 동 · 식물을 포함한 생태계 전체의 보전까지도 함께 고려

2) 모든 생명체의 가치를 존중하고 자연을 소중히 여기며 보존하려는 환경 친화적 가치관 함양

3) 자연과 인간의 공생을 중시하는 사회적 인식 확대, 자연과 조화를 이루는 개발 노력

예 생태 도시와 슬로 시티 지정, 생태 통로, 자연 휴식년제, 환경 영향 평가제 등

동양의 자연관

- 유교 : 만물이 본래적 가치를 가지고 있다고 보고 인간과 자연이 조화를 이루는 천인합일( )의 경지를 추구, 인간이 하늘의 도를 본받아 다른 인간과 존재를 사랑하고 어질게 행동하는 인( )을 베푸는 것을 바람직한 삶으로 파악
- 불교 : 연기설( )에 따라 자연 만물이 독립적으로 존재하는 것이 아니라 서로 밀접하게 관계를 맺고 상호 의존한다고 봄, 만물의 상호 의존성을 자각하여 모든 생명을 소중히 여기고 자비를 베풀 것을 강조함
- 도교 : 무위자연( )을 추구하여 인간의 의지, 욕구와 상관없이 존재하는 자연의 가치와 아름다움을 강조함, 인간이 자연의 한 부분으로서 자연의 섭리에 순응하고 자연과 조화를 이루어야 한다고 봄

03 | 환경 문제 해결을 위한 노력

1. 환경 문제의 발생, 특징, 유형

(1) 환경 문제의 발생 원인 : 인구 증가와 산업 발달 → 자원 소비량 증가 → 무분별한 자원 개발 → 생태계 파괴 및 자정 능력 상실 → 환경 문제의 발생

(2) 환경 문제의 특징

1) 복구하는 데 많은 시간과 비용이 소요됨

2) 원인 물질의 확산으로 전 지구적 차원의 환경 문제로 커질 수 있음

3) 책임 소재를 찾는 것이 어려움

(3) 환경 문제의 유형

1) **지구온난화**

① 원인 : 화석에너지의 소비 증가로 인한 온실가스의 배출량 증가

② 피해 : 극지방 및 고산 지대의 빙하 면적 감소, 해수면 상승으로 해안 저지대의 침수 피해 증가, 이상기후 발생 등

2) **사막화**

① 원인 : 계속되는 가뭄, 과도한 경작이나 방목 등

② 피해 : 토양 황폐화로 인한 식량 부족

3) **산성비**

① 원인 : 공장, 자동차 등에서 배출되는 황산화물, 질소산화물의 양 증가

② 피해 : 산림고사, 호수의 산성화, 건축물과 구조물 부식

▲ 지구온난화

▲ 사막화

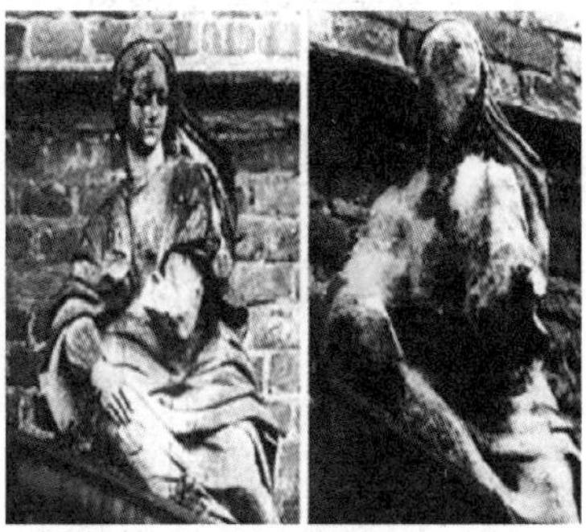

▲ 산성비

4) 오존층 파괴

① 원인 : 염화플로오린화탄소(CFCs, 일명 프레온 가스)의 사용량 증가

② 피해 : 피부암, 백내장 등을 유발

5) 열대림 파괴

① 원인 : 무분별한 벌목과 개간, 목초지 조성을 위한 삼림 파괴

② 피해 : 동식물의 서식지 감소, 생물 종 다양성 감소, 지구온난화의 가속화

▲ 오존층 파괴

▲ 열대우림 파괴(아마존지역)

(4) 주요 환경 문제와 관련된 국제 협약

1) **기후변화 방지 협약** : 지구 온난화 방지를 위해 온실가스 배출량을 규제함

예 교토의정서, 파리협약 등

2) **사막화 방지 협약** : 사막화 방지와 심각한 사막화를 겪고 있는 개발도상국을 재정적 · 기술적으로 지원하는 것을 목적으로 함

3) **제네바 협약** : 산성비 문제 해결을 위해 국경을 넘어 이동하는 대기오염 물질의 감축 및 통제를 목적으로 함

4) **몬트리올 의정서** : 오존층 보호를 위해 프레온 가스의 사용 규제를 명시함

5) **람사르 협약** : 습지의 보호와 지속 가능한 이용을 목적으로 함

6) **바젤 협약** : 유해 폐기물의 국가 간 이동에 관한 규제를 목적으로 함

2. 환경 문제 해결을 위한 노력

(1) 정부

1) 환경 문제를 극복하는 국제 사회의 노력에 참여 예 탄소 배출권 거래제 참여

2) 환경 기준에 대한 법률적, 제도적 정비

예 오염 물질 배출 사업자 또는 소비자의 처벌, 환경 부담금 부과, 친환경 사업자에 대한 보조금 지급, 개발 사업 시행 전 환경 영향 평가 실시 등

3) 친환경 제품에 관한 정보를 소비자에게 제공

4) 친환경 산업 육성

(2) 시민사회

1) **비정부 기구(NGO)의 조직** : 전 지구적 차원의 환경 보호 활동 실시 [예] 그린피스, 지구의 벗 등

2) 환경오염 유발 행위 감시, 여론을 형성하여 정부와 기업의 환경에 대한 부정적 행위에 압력 행사

3) 환경 운동 전개, 환경 보호 활동 기획 및 참여 유도 등

(3) 기업 : 친환경 경영 추구

1) **생산 측면** : 오염 물질의 정화 시설 설치, 저탄소 상품 개발, 에너지 고효율 제품 생산, 신재생에너지 개발 및 투자 확대 등

2) **유통 측면** : 유통 과정 간소화, 친환경 상품 우선 공급과 진열 등

3) **폐기 측면** : 과대 포장 지양, 재활용을 통한 제품 생산 등

(4) 개인(소비자)

1) 자원 절약(재사용과 재활용의 생활화), 에너지 절약

[예] 일회용품 사용 자제하기, 쓰레기 분리수거하기, 대중교통 이용하기 등

2) 환경 친화적 상품 소비(녹색소비)

3) 환경 관련 법 준수

01 개방적인 가옥구조로 통풍이 잘되고 습기, 지열, 해충을 막기에 적당한 고상 가옥이 있는 기후는 (   ) 기후이다.

02 사막 지역에서는 (   )가 부족해 쉽게 구할 수 있는 흙이나 벽돌집을 짓고, 강수량이 부족해 빗물을 쉽게 저장할 수 있는 (   )한 지붕, 햇빛과 모래 바람을 막기 위한 작은 창과 두꺼운 벽을 만들었다. 그리고 (   )을 만들기 위해 좁은 골목을 설계했다.

03 (   )주의는 인간과 자연의 관계에서 인간의 이익을 먼저 고려하는 관점으로 자연을 개발 대상으로 보고 이용하도록 해 인간에게 경제적 풍요를 가져다주는 입장이다.

04 (   )은 "방황하고 있는 자연을 사냥해서 노예로 만들어 인간의 이익에 봉사하도록 해야 한다."라고 주장했다.

05 (   )주의는 인간과 자연은 영향을 주고받는 관계로서 서로 조화와 균형을 이루어야 함을 강조한다.

06 유교에서는 만물이 본래적 가치를 가지고 있다고 보고 인간과 자연이 조화를 이루는 (   )의 경지를 이상적으로 보았다.

07 불교에서는 (   )에 따라 자연 만물이 독립적으로 존재하는 것이 아니라 서로 밀접하게 관계를 맺고 상호 의존한다고 보았다.

08 도교에서는 (　　　　　)을 추구하여 인간의 의지, 욕구와 상관없이 존재하는 자연의 가치와 아름다움을 강조했다.

09 염화플루오린화탄소(프레온가스)의 사용량이 증가하면서 나타나는 현상으로 피부암, 백내장 등을 유발하는 환경 오염은 (　　　　　　　)이다.

10 (　　　　　　) 의정서는 오존층 보호를 위해 프레온 가스의 사용 규제를 명시한 국제협약이다.

11 (　　　　　) 협약은 습지와 갯벌의 보호와 지속 가능한 이용을 목적으로 하는 국제협약이다.

12 (　　　) 협약은 유해 폐기물의 국가 간 이동에 관한 규제를 목적으로 체결한 국제협약이다.

정답				
	1. 열대 우림	2. 나무, 평평, 그늘	3. 인간중심	4. 베이컨
	5. 생태중심	6. 천인합일	7. 연기설	8. 무위자연
	9. 오존층 파괴	10. 몬트리올	11. 람사르	12. 바젤

03 생활공간과 사회

01 | 산업화와 도시화로 인한 변화

1. 산업화와 도시화의 정의

(1) **산업화** : 농업 중심의 사회에서 광공업과 서비스업 중심의 사회로 변화하는 과정

(2) **도시화** : 전체 인구 중 도시 거주 인구의 비율이 증가하고 도시적 생활양식이 확산되는 현상

(3) **우리나라의 산업화와 도시화** : 산업화와 도시화가 함께 진행되는 경향이 나타남

1) **1960년대 초** : 농림어업과 같은 1차 산업 중심의 사회, 도시화율은 50% 미만
→ 도시 거주 인구 〈 촌락 거주 인구

2) **1960년대 이후(산업화 진행)** : 광 · 공업 등의 2차 산업과 사회 간접 자본 및 서비스업 등의 3차 산업비중 증가, 농림어업과 같은 1차 산업 비중 감소 → 이촌향도 현상으로 도시화율이 빠르게 상승

3) **2015년** : 전체 인구의 대부분이 도시에 거주 (도시화 비율 : 91%)

도시화 곡선 ▶

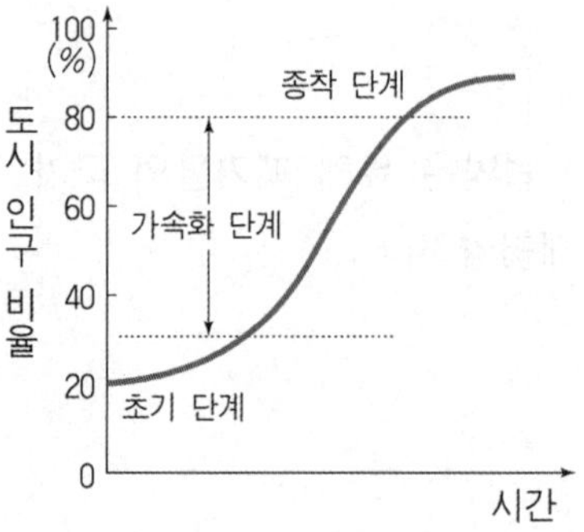

2. 산업화와 도시화로 인한 공간의 변화

(1) **거주 공간의 변화**

1) **고층 건물과 아파트의 등장** : 토지 이용의 집약도 상승

2) **주거, 업무, 상업, 교육, 여가 등의 수행을 위한 다양한 공간의 형성** : 토지 이용의 다양성 확대

(2) **생태환경의 변화** : 도시 내 하천의 인위적인 개발, 지표의 포장 면적 확대로 녹지 면적 감소, 생물 종 다양성의 감소 등

3. 산업화와 도시화로 인한 생활양식의 변화

(1) **도시성의 확산** : 자율성과 다양성이 존중되었으나 사회적 유대감이 약화됨

(2) **직업 분화 촉진** : 산업화로 분업화와 기계화가 이루어지고 2차, 3차 산업이 발달하면서 직업이 분화되고 전문성이 증가함 → 도시 주민들의 직업이 다양해짐

(3) **개인주의적 가치관의 확산** : 산업이 고도화되고 도시가 확장되면서 공동체보다 개인을 강조하는 경향이 커짐

4. 산업화와 도시화로 인한 문제의 발생

(1) **주택 문제** : 인구 밀집, 주택 수요 증가 → 주택 부족 및 집값 상승, 불량 주택 지역 형성(슬럼화)

(2) **교통 문제** : 교통량 증가, 세대 당 자동차 소유 대수 증가 → 교통 체증과 주차난 발생

(3) **환경 문제**

1) **수질 오염** : 산업폐수나 생활하수 배출량 증가가 원인
2) **토양 오염** : 산업 폐기물과 생활 쓰레기의 증가가 원인
3) **대기 오염** : 공장 매연이나 자동차 배기가스의 배출량 증가가 원인 → 스모그 현상
4) **열섬 현상** : 도시 내 포장면적의 증가와 인공열의 증가, 고층빌딩의 증가가 원인이 되어 도심의 기온이 외곽지역보다 높아지는 현상

(4) **노동 문제**

1) **실업 문제** : 산업화의 영향으로 사회가 요구하는 능력이나 직업이 변화하면서 발생
2) **노사 갈등 문제** : 노동자와 사용자 사이의 이해관계 충돌로 발생

(5) **이기주의로 인한 문제**

1) 업무의 분업화와 기계화, 공동주택 증가 등으로 주변 사람과의 소통 감소

2) 물질적 가치와 경쟁을 강조하는 사회 구조 속에서 타인이나 사회보다 자신의 이익을 우선으로 추구하는 경향 증가

(6) 기타 : 인간소외 문제, 지역 간 불균형 문제 등

5. 산업화와 도시화로 인한 문제의 해결 방안

(1) 사회적 차원

1) 주택 문제

① 주택 공급 : 주택공급량 확대를 통한 주택 부족 문제 해결

② 도시 재개발 사업 실시 : 낙후된 지역의 생활환경 개선과 마을 공동체 형성 효과

2) 교통 문제

① 교통체계 개편을 위한 정책 추진

② 대중교통 수단 확충 : 교통체증과 혼잡 문제 완화

③ 거주자 우선 주차 제도 정착, 공영주차장 확대 실시 : 주차 공간 부족 문제 완화

3) 노동 문제와 복지 문제

① 고용보험, 노인 돌봄 서비스와 같은 사회 복지 제도 시행

② 최저 임금제, 비정규직 보호법 등 실시

(2) 개인적 차원

1) 환경문제

① 환경 친화적인 삶 실천

② 쓰레기 분리배출, 대중교통 이용의 생활화 등

2) 이기주의로 인한 문제

① 인간 소외 문제 해결을 위해 공동체 의식 함양

② 인간의 존엄성 중시와 타인 존중, 연대 의식 등을 갖기 위해 노력

02 | 교통 통신의 발달과 정보화

1. 교통, 통신의 발달에 따른 변화

(1) 일상생활 범위의 확대

1) 이동 시간과 비용이 줄면서 이동 가능한 거리 증가

2) 광역교통망이 발달한 대도시의 경우 대도시권 형성

3) 누리 소통망(SNS)을 이용한 의사소통의 보편화

(2) 경제활동 범위의 확대

1) 대량 화물을 더욱 빠르게 수송 가능
2) 국제 금융 거래가 활성화 되면서 경제 활동의 범위가 전 세계로 확대됨
3) 세계를 대상으로 하는 다국적 기업의 등장

(3) 여가 공간의 확대 : 장거리 이동이 가능해지면서 해외여행의 기회 증가 → 다른 지역의 문화를 체험할 기회가 많아짐

(4) 생태 환경의 변화 : 교통 통신 수단을 이용해 생태 환경에 도움을 줄 수 있음

예 헬리콥터를 이용한 산불 진압, 위치 확인 시스템(GPS)을 이용한 멸종 위기 동물 보호 등

2. 교통, 통신의 발달에 따른 문제점과 해결 방안

(1) 지역 격차의 발생

1) 교통발달로 접근성이 향상된 지역은 경제 활동 활성화, 교통 조건이 불리해진 지역은 경제 활동 위축 → 빨대 효과의 발생 가능성

   예 KTX로 인해 지방중심지가 약화됨 '서울시 대전구'

2) **해결 방안** : 새로운 교통 기반 시설의 구축, 경제가 위축된 지역의 경제 활성화를 위한 지방 중추 도시권 육성 사업의 실시 등

(2) 생태 환경의 파괴

1) 도로, 철도 등의 건설 과정에서 삼림 훼손 및 동식물의 서식지 파괴, 외래 생물종 전파로 인한 생태계 교란, 유조선 충돌로 인한 해양 오염 등
2) **해결 방안** : 도로 건설시 우회 도로나 생태 통로 만듦, 생태 환경 보존을 위한 제도적 방안 마련, 선박 평형수 처리 장치의 설치 의무화 등

3. 정보화에 따른 생활양식의 변화

(1) 지역 격차의 발생

1) **정보화의 실현** : 과학 기술의 발달로 컴퓨터, 인터넷, 인공위성 등을 이용한 신속 정확한 정보 수집가능 → 지리 정보 시스템(GIS), 위치 확인 시스템(GPS) 등과 같은 공간 정보 기술이 다양한 분야에 활용됨

(2) 정보화로 인한 변화

1) **정치 · 행정 분야** : 누리 소통망(SNS)이나 가상 공간을 통한 의견 표현과 토론, 인터넷을 통한 민원서류의 신청과 발급 등
2) **경제 분야** : 전자 상거래를 이용한 물건 구매, 인터넷 뱅킹을 이용한 은행 업무, 원격 근무나 화상회의를 통해 효율적인 업무 수행 등
3) **사회 문화 분야** : 원격 진료와 원격 교육 등이 가능해짐, 스마트 기기를 이용하게 되면서 문화의 확산 속도가 빨라짐

4. 정보화에 따른 문제점과 해결 방안

(1) 인터넷 중독

1) **문제점** : 대면적 인간관계의 약화
2) **대책** : 인터넷 중독 예방 및 치료 프로그램 시행

(2) 정보 격차

1) **문제점** : 정보에 접근할 수 있는 제도와 환경의 차이로 인한 지역 간, 계층 간의 정보 격차 발생 → 양극화 심화
2) **대책** : 정보 소외 계층을 위한 사회 복지 제도 확충

(3) 사이버 범죄

1) **문제점** : 가상 공간상의 익명성을 이용한 사이버 폭력이나 해킹, 프로그램불법 복제, 전자 상거래 사기, 유해 사이트 운영 등의 범죄 발생
2) **대책** : 정보 윤리 교육 강화 및 관련 법률 정비

(4) 사생활 침해

1) **문제점** : 개인 정보의 유출, CCTV와 휴대전화 위치 추적 등을 통한 감시나 통제 발생
2) **대책** : 『개인정보 보호법』, 『국가정보화 기본법』 등의 법률 정비 및 강화

03 | 지역의 공간 변화

1. 지역과 지역성 및 공간 변화

(1) 지역과 지역성의 의미

1) **지역** : 지리적 특성이 다른 지역과 구별되는 지표상의 공간 범위, 경관상 유사하거나 기능적으로 관련된 장소들의 모임

2) **지역성** : 어떤 지역의 자연환경과 인문환경이 상호작용하여 형성된 그 지역 안의 고유한 특성, 지역성은 고정된 것이 아니며 시간에 따라 변화함

(2) 지역의 공간 변화

1) **원인** : 산업화, 도시화, 교통 · 통신의 발달, 정보화 등의 영향으로 끊임없이 공간 변화가 이루어지고 있음

2) **변화** : 토지 이용, 산업 구조, 인구, 지역 주민들의 직업, 인간관계, 생태환경, 주민의 가치관 등이 변화함

2. 지역 조사 방법

(1) 의미 : 지역에 대해 자료를 수집하고 분석, 종합하여 지역성을 파악하는 활동

(2) 필요성 : 지역의 공간 변화로 인한 긍정적 측면과 부정적 측면이 있으므로 더 살기 좋은 공간으로 만들기 위해 지역 조사 과정이 필요함

(3) 과정

1) 조사계획

2) 조사주제와 지역 선정

3) 지리정보의 수집(실내조사, 야외조사)

4) 지리정보의 분석(분석 자료 정리, 도표와 주제도 작성 등)

5) 토의

6) 조사보고서 작성

3. 도시와 촌락에서 발생하는 문제점과 해결 방안

(1) 도시에서 발생하는 문제점과 해결 방안

1) 대도시

① 문제점 : 인구 과밀화로 인한 각종 시설 부족, 도시 내 노후 공간의 증가에 따른 지역 주민의 삶의 질 하락

② 해결 방안 : 도시 내 기반 시설 확충, 재개발을 통한 주거 환경 개선 등

2) 중소도시

① 문제점 : 일자리 · 문화 공간 등의 부족, 대도시로의 인구 유출 등

② 해결 방안 : 지역 특성화 사업 추진, 각종 서비스의 질 개선을 통한 자족 기능 확충 등

(2) 촌락에서 발생하는 문제점과 해결 방안

1) 문제점

① 도시와 인접한 촌락 : 도시화가 진행되면서 전통적인 가치관과 문화가 사라짐 → 공동체 의식의 약화로 이어짐

② 도시에서 멀리 떨어진 촌락 : 노동력 부족, 성비불균형, 유휴경작지 증가 등의 문제 발생, 교육 및 의료, 문화생활 등의 여건 악화로 인구 유출의 가속화

2) 해결 방안

① 지리적 표시제, 지역 브랜드화, 지역 축제 및 체험관광 추진, 경관 농업, 농공단지 조성 등을 통해 농촌 소득 증대 방안을 마련하고 침체된 지역 경제를 재활성화 함

② 교육, 의료, 문화 시설 등을 확충하여 도시와의 생활환경 격차를 줄이고 주민들의 삶의 질을 향상시킴

▲ 지역브랜드–만세보령

▲ 지역축제–이천도자기축제

지리적 표시제

농산물 및 그 가공품의 특징이 지리적 특성에 기인하는 경우 그 지역의 특산물임을 인증하는 제도 예 보성 녹차, 횡성 한우 등

지역 브랜드화

지역 또는 지역의 상품을 소비자에게 특별한 브랜드로 인식시키는 것을 말함. 지역 브랜드의 가치가 높아지면 그 지역 상품의 판매량이 증가하여 지역 경제가 활성화 된다.
예 전라남도 남원시의 '춘향전'을 이용한 브랜드화 사업

Exercises

01 (   )란 농업 중심의 사회에서 광공업과 서비스업 중심의 사회로 변화하는 과정을 말한다.

02 (   )란 전체 인구 중 도시 거주 인구의 비율이 증가하고 도시적 생활양식이 확산되는 현상을 말한다.

03 (   )적 가치관의 확산이란 산업이 고도화되고 도시가 확장되면서 공동체보다 개인을 강조하는 경향을 말하는 것이다.

04 도시 내 포장면적의 증가와 인공열의 증가, 고층빌딩의 증가가 원인이 되어 도심의 기온이 외곽지역보다 높아지는 현상을 (   ) 현상이라고 한다.

05 낙후된 도시 지역의 생활환경 개선과 마을 공동체 형성 효과를 볼 수 있는 개발을 (   )이라고 한다.

06 정보에 접근할 수 있는 제도와 환경의 차이로 인한 지역 간, 계층 간의 (   )가 발생해서 사회적 양극화의 원인이 되고 있다.

07 개인 정보의 유출, CCTV와 휴대전화 위치 추적 등을 통한 감시나 통제가 나타나는 사생활 침해 현상이 발생하고 있다. 이에 대한 대책으로 '(   ) 보호법' 등이 만들어졌다.

08 (   )이란 어떤 지역의 자연환경과 인문환경이 상호작용하여 형성된 그 지역 안의 고유한 특성을 말하는 것이다.

09 1) 조사계획 → 2) 조사주제와 (   ) → 3) 지리정보의 수집((   ) 조사, 야외 조사) → 4) 지리정보의 분석(분석 자료 정리, 도표와 주제도 작성 등) → 5) 토의 → 6) 조사(   )

10 촌락의 활성화를 위해 지리적 표시제, 지역 (   )화, 지역 축제 및 체험관광 추진, 경관 농업, (   ) 조성 등을 통해 농촌 소득 증대 방안을 마련하고 침체된 지역 경제를 재활성화하기 위해 노력하고 있다.

정답
1. 산업화 2. 도시화 3. 개인주의 4. 열섬
5. 도시재개발 6. 정보격차 7. 개인정보 8. 지역성
9. 지역선정, 실내, 보고서 작성 10. 브랜드, 농공단지

Part 2

인간과 공동체

04 인권 보장과 헌법

01 | 인권의 역사와 확장

1. 인권의 의미와 인권의 확립 과정

(1) 인권의 의미

1) 인간의 기본적인 권리
2) 인간의 존엄성에 기반을 두고 있음
3) 인간은 수단이 아닌 목적이기 때문에 오직 인간이라는 그 자체로 존중되어야 하는 권리

(2) 인권의 특성

1) **보편성** : 모든 사람이 누구나 누리는 권리
2) **천부성** : 인간이 태어나면서부터 가지는 권리
3) **항구성** : 영구히 보장되는 권리
4) **불가침성** : 누구도 침범할 수 없고 뺏을 수 없으며 양도할 수 없는 권리

(3) 인권 보장의 역사

1) **근대 이전** : 일부 상류층 사람들을 제외하고 대다수의 사람들이 정치참여가 제한되었고 신체적, 경제적 자유를 보장받지 못하는 상태
2) **시민혁명**
① 원인 : 계몽사상, 사회계약설 등의 영향으로 새로운 시민계급(부르주아)의 저항으로 시작

계몽사상, 사회계약설

- 계몽사상 : 인간의 합리적 이성에 의해 편견과 오류를 극복하고 사회적 모순과 부조리를 바로 잡을 수 있다고 보는 사상
- 사회계약설 : 사회나 국가가 자유롭고 평등한 개인들의 합의나 계약으로 발생하였다는 이론, 사회 계약설을 주장하는 대표적인 사상가로는 홉스와 로크, 루소가 있음

② 전개 : 영국의 명예혁명(권리장전), 미국의 독립혁명(독립선언서), 프랑스의 대혁명(인권선언문)으로 전개되어 절대왕정을 붕괴시키고 봉건질서를 무너뜨림

③ 한계 : 같은 평민이지만 노동자, 농민, 여성, 흑인 등은 여전히 정치에 참여할 수 없었음 → 19세기 참정권 확대운동인 차티스트 운동 등의 계기가 됨

차티스트 운동

영국 노동자들이 만든 인민헌장(People's Charter)을 실현하기 위해 1838년부터 10년간 이어진 운동으로 21세 이상 남성의 보통선거권의 시행, 평등한 선거구 설정, 비밀선거 실시, 의원 자격 제한의 폐지 등을 요구

3) **산업혁명 이후** : 빈부 격차와 빈곤, 사회적 약자 문제로 사회권 강조, 독일의 바이마르 헌법(1919)에서 세계최초로 사회권을 명시, 이후 세계 각국에서 복지국가를 내용으로 헌법 제정

4) **제2차 세계대전 이후** : 국제연합(UN)의 세계인권선언(1948)으로 인류 보편의 가치가 인권보장에 있음을 선포함. 인권의 개념이 연대권으로 확장

시민혁명

영국 명예혁명(1688)	제임스 2세의 의회를 무시한 정치로 의회세력이 중심이 되어 왕을 교체함. 새로운 왕에게 권리장전을 제출해 승인받음	세계최초의 입헌군주제 정치의 시작 (왕은 군림하나 통치하지 않는다)
미국 독립혁명(1776)	영국의 식민정책과 중상주의 정책에 대한 반발 ("대표 없이 과세 없다")로 일으킨 혁명으로 프랑스와 스페인의 도움으로 독립에 성공했고 독립선언서를 발표	세계최초의 민주공화정으로 대통령제를 최초로 실시
프랑스 대혁명(1789)	제3신분(평민)들의 신분제에 대한 불만(구제도의 모순)이 폭발해서 루이 16세를 제거하고 혁명에 성공, 인권선언(인간 및 시민의 권리 선언)을 발표	인간의 자유와 평등, 저항권, 주권재민 등의 권리를 공개적으로 선포한 선언

미국 독립 선언문 (1776)

모든 사람은 평등하게 태어났고, 누구에게도 양도할 수 없는 생명과 자유, 행복을 추구할 천부적인 권리를 (→ 천부인권) 지니고 있다. 정부는 국민의 주권에 의해 만들어지며 (→ 주권재민), 이러한 권리를 보장하는 데 목적이 있다.

프랑스 인권 선언 (1789)

제1조 사람은 태어날 때부터 자유롭고 또한 권리에 있어서 평등하다. (→ 천부인권)
제3조 모든 주권의 원리는 국민 속에 있다. (→ 주권재민)
제4조 자유란 타인을 해치지 않는 한 무엇이라도 할 수 있다는 것이다.

세계 인권 선언 (1948)

제1조 모든 인간은 태어날 때부터 자유로우며 (→ 천부인권), 누구에게나 동등한 존엄성과 권리가 있다. 인간은 타고난 이성과 양심을 지니며 형제애의 정신에 입각해서 행동해야 한다.
제22조 모든 사람에게는 사회의 일원으로서 사회 보장을 요구할 권리가 있으며, 자신의 존엄성과 자신의 인격의 자유로운 발전에 필수 불가결한 경제, 사회적, 문화적 권리를 실현할 자격이 있다.

2. 현대사회에서의 인권 확장

(1) **주거권** : 인간다운 주거 생활을 할 권리
예 일조권 침해, 층간소음, 주거불평등문제 등

(2) **안전권** : 재난과 사고의 위험에서 안전할 권리
1) **소극적** : 개인의 안전을 위협하는 국가나 타인의 행위를 금지
2) **적극적** : 국민의 안전을 보장하기 위해 제도나 시설을 국가에게 요구할 수 있는 권리
예 헌법 34조 6항 : 국가는 재해를 예방하고 그 위험으로부터 국민을 보호해야 한다.

(3) **환경권** : 모든 국민이 건강하고 쾌적한 환경에서 인간답게 살 수 있는 권리
1) **소극적** : 오염되고 불결한 환경 때문에 고통받지 않아야 하는 것
2) **적극적** : 깨끗한 환경을 국가에 요청할 수 있는 권리
예 헌법 35조 1항 : 모든 국민은 건강하고 쾌적한 환경에서 생활할 권리를 가진다.

(4) **문화권** : 누구나 문화 활동에 참여하고 문화를 향유할 수 있는 권리 예 문화누리카드

(5) **연대권** : 소속되어 있는 공동체에서 더 나아가 국제적인 연대와 협력을 할 권리, 지구촌 구성원 모두의 인권 보장을 위해 함께 노력할 필요가 생김으로서 등장

(6) **잊혀질 권리** : 자신과 관련된 정보를 본인이 원할 경우 그것을 지우고 더 이상 처리되지 않도록 할 개인의 권리

인권개념의 확대(카렐 바작(Vasak. K.)의 구분)

제1세대 인권 : 자유와 관련된 개념, 자유권, 선거권, 공정한 재판을 받을 권리 등의 자유권적 개념
제2세대 인권 : 평등과 관련된 개념, 사회권적 개념
제3세대 인권 : 박애와 관련된 개념, 환경권, 평화적 생존권, 연대권적 개념

02 | 인권 보장을 위한 헌법의 역할과 시민 참여

1. 인권과 헌법

(1) **인권과 헌법의 관계** : 인권은 국가권력보다 우선하는 자연법에 해당된다고 보고 최고법인 헌법을 통해 기본권으로 보장, 헌법은 국민 인권을 수호하는 근본적인 토대

우리 헌법에 규정되어 있는 인간의 존엄성

제10조 모든 국민은 인간으로서의 존엄과 가치를 가지며, 행복을 추구할 권리를 가진다. 국가는 개인이 가지는 불가침의 기본적 인권을 확인하고 이를 보장할 의무를 진다.

(2) **헌법에 명시된 기본권**

1) **자유권** : 어떠한 간섭이나 침해도 없이 자유로운 생활을 영위할 수 있는 권리. 구체적으로 헌법에 열거되지 않은 권리도 인정하는 포괄적이고 천부적인 권리

예 신체의 자유, 종교의 자유, 언론 · 집회 · 결사의 자유, 거주 · 이전의 자유, 재산권 행사의 자유, 직업선택의 자유 등

2) **평등권** : 이유 없이 법 앞에서 차별받지 않을 권리. 모든 사람을 동등하게 대우하고 기회를 균등하게 제공하고 개인이 지닌 선천적, 후천적 차이를 고려

예 헌법 11조 1항에 "모든 국민은 법 앞에 평등하다. 누구든지 성별, 종교, 또는 사회적 신분에 의해 정치적, 경제적, 사회적 (……) 차별을 받지 아니한다." 명시함

3) **참정권** : 적극적으로 정치에 참여할 수 있는 권리로 정부를 구성하고 선택. 국민주권의 원리를 실현하는 권리이자 의무

예 선거권, 피선거권, 공무담임권, 국민투표권 등

4) **청구권** : 다른 기본권을 보장하기 위한 기본권으로 수단적 성격을 가짐, 즉 다른 기본권이 침해되었을 때에만 적용 가능 함. '기본권 보장을 위한 기본권'

예 재판청구권, 청원권, 국가 배상 청구권, 형사 보상 청구권 등

5) **사회권** : 인간다운 생활을 누릴 권리로, 국가에 최소한의 생활 보장을 요구할 수 있는 적극적인 기본권. 자본주의 발달과정에서 발생한 빈부격차와 실업 등의 문제를 해결하는 과정에서 등장한 기본권 (최초는 1919년 독일의 바이마르 헌법)

예 근로권, 환경권, 교육권, 사회보장권 등

기본권 제한 관련 헌법조항

헌법 제37조 2항 : 국민의 모든 자유와 권리는 국가안전보장, 질서유지 또는 공공복리를 위하여 필요한 경우에 한하여 법률로써 제한할 수 있으며, 제한하는 경우에도 자유와 권리의 본질적인 내용을 침해할 수 없다.

(3) 인권 보장을 위한 제도적 장치

1) **법치주의** : 법률에 근거한 권력의 행사만을 허용해서 국민의 자유와 권리를 보장

2) **권력분립** : 입법권, 행정권, 사법권을 분리해서 상호견제하게 함으로써 권력남용을 막고 국민의 권리를 보호하는 장치

3) **헌법재판소** : 위헌 법률 심판 제도나 헌법 소원 심판을 통해 국가 권력의 행사나 법률 규정 등이 개인의 기본권을 침해했는지 판단하여 구제함 → 인권보장의 최후의 보루

4) **민주적 선거제도** : 보통 · 평등 · 직접 · 비밀 선거의 원칙, 선거 공영제, 선거구 법정주의 등

5) **복수정당제도** : 두 개 이상의 정당을 인정하고 설립의 자유를 보장해 시민들의 다양한 의견이 반영되는 것을 보장

6) **적법절차의 원리** : 국민의 자유와 권리를 제한할 때는 적법한 절차에 따라야 한다는 것

7) **기타** : 국가 인권 위원회, 국민 권익 위원회 등을 통한 인권 보호 노력

2. 준법 의식과 시민 참여

(1) 준법 의식

1) **의미** : 법을 존중하며 지키려고 하는 의식

2) **필요성** : 사회정의 실현 및 인권 보장을 위해 필요

(2) 시민 참여

1) **의미** : 공동체의 의사 결정에 직·간접적으로 시민들이 참여하는 것

2) **역할** : 사회 구성원 모두의 권리와 이익이 존중받는 정의로운 사회 실현에 이바지함

3) **방법**

① 합법적 방법 : 선거, 국민투표, 공청회, 국민 참여 재판, 1인 시위, 이익 집단 활동, 시민단체 활동 등

② 비합법적 방법 : 시민불복종

4) **기능**

① 인권 수호 기능 : 시민 참여는 국민주권주의를 실현하는 행위이므로 스스로 인권을 수호하는 기능이 있음

② 대의민주주의 보완 기능 : 선거 외에도 집회나 시위 등의 직접적인 참여를 보장함으로써 대의 민주주의의 부족함을 보완할 수 있음

(3) 시민 불복종

1) **의미** : 잘못된 법이나 정부 정책을 바로잡기 위해 양심에 따라 의도적이고 비폭력적으로 행하는 위법 행위

2) **정당화 조건**

① 목적의 정당성 : 불복종의 대상인 법이 사회정의에 위배되어야 함

② 최후의 수단 : 합법적인 방법을 통한 해결이 불가능해야 함

③ 처벌의 감수 : 처벌을 피하지 않고 받아들임으로서 법 체계를 존중하고 있음을 분명히 해야 함

④ 비폭력성 : 어떤 경우에도 폭력을 사용해서는 안됨

⑤ 공개성 : 몰래 어기는 것이 아니라 당당하게 드러내고 어김

⑥ 공익성 : 사익에만 도움이 되지 않고 모두에게 도움이 되어야 함

3) **사례** : 미국 소로의 멕시코 전쟁으로 인한 인두세 거부, 인도 간디의 비폭력 불복종 운동, 미국 킹 목사의 흑인인권운동, 남아프리카공화국 만델라의 흑인인권운동 등

03 | 인권 문제의 양상과 해결 방안

1. 우리 사회의 인권 문제

(1) 사회적 소수자 차별 문제

1) 사회적 소수자

① 의미 : 신체적 또는 문화적 특징으로 인해 사회의 다른 구성원들에게 차별을 받으며 스스로 차별받는 집단에 속해 있다는 의식을 가진 사람들

② 특징 : 절대적인 수가 소수인 사람들을 의미하지 않음, 소수자의 개념은 시대와 장소에 따라 상대적임

예 장애인, 이주노동자, 결혼이주민, 여성, 노인, 아동청소년, 북한이탈주민(새터민), 저소득층, 성소수자 등

③ 차별양상

㉠ 장애를 이유로 구타, 감금, 방임 등의 신체적 학대나 정서적 학대 등을 당하기도 함

㉡ 외국인노동자의 경우 불합리한 대우와 차별적인 시선, 법적보호를 받지 못하는 현실이 존재

④ 해결 방안

㉠ 개인적 차원 : 사회적 소수자에 대한 편견을 버리고 인간은 누구나 존엄한 존재라는 생각으로 그들을 대해야 함

㉡ 사회적 차원 : 사회적 소수자를 차별하는 정책과 법률을 정비해야 함 → 정책이나 법률이 장애인이나 외국인 근로자의 인권보장에 미흡한 부분은 없는지 살펴보고, 관련 정책과 법률이 실질적인 보호 대책이 되도록 보완

예 장애인 차별 금지 및 권리 구제 등에 관한 법률, 외국인 근로자의 고용 등에 관한 법률 등

(2) 청소년 노동권 침해

1) **침해 사례** : 최저임금을 보장 받지 못하는 경우, 사고로 다쳤을 때 배상받지 못하는 경우, 장시간의 야간 근무 등

2) **침해 원인** : 청소년의 노동권에 대한 이해 부족, 고용주의 준법의식 결여, 법적 제도의 미흡 등

3) **대응 방법** : 표준계약서 작성, 임금체불시 고용노동부에 신고, 적법한 휴게시간 요구, 원치 않는 초과 근무요구 거부 등

청소년 알바 십계명

1계명- 만 15세 이상 근로가 가능해요.
2계명- 부모님 동의서와 나이를 알 수 있는 증명서가 필요해요.
3계명- 근로계약서를 반드시 작성해야 해요.
4계명- 성인과 동일한 최저임금을 적용 받아요.
5계명- 하루 7시간 일주일에 40시간을 초과해서 일할 수 없어요.
6계명- 휴일에 일하거나 초과 근무를 했을 경우 50%의 가산금을 받을 수 있어요.
7계명- 일주일을 개근하고 15시간 이상 일을 하면 하루의 유급 휴일을 받을 수 있어요.
8계명- 청소년은 위험한 일이나 유해 업종의 일을 할 수 없어요.
9계명- 일을 하다 다치면 산재보험으로 치료와 보상을 받을 수 있어요.
(10계명 생략) - 고용노동부 2014년-

2. 세계 인권 문제

(1) **인종 차별** : 특정 인종에 대한 배타적인 적대감을 드러내는 것

예 미국의 흑인 차별, 2차대전시 나치에 의한 유태인 차별

(2) **여성 차별** : 교육, 고용, 승진 등 일상생활 전반적인 영역에서 다양한 방법으로 차별받고 있음

예 사우디에서의 여성차별 (남성후견인제도(마흐람 제도), 매매혼 등)

(3) **아동 노동** : 2016년 기준 전 세계 1억 3400만 명의 아동노동인구가 존재(출처: ILO 아동노동금지를 위한 국제 프로그램), 조금씩 감소추세이나 수많은 아동들이 농장, 광산, 공장 등에서 착취에 시달리고 있음

국제연합 아동권리 협약

제19조(폭력과 학대) : 보호자가 정신적, 신체적 폭력을 쓰거나 학대하거나 돌보지 않고 방치하는 일이 없도록 정부는 모든 노력을 해야 한다.
제22조(난민아동) : 난민이 되었을 때 특별한 보호와 도움을 받아야 하며 가족과 헤어졌을 때 가족을 찾아주어야 한다.
제32조(아동노동) : 위험하거나 교육에 방해가 되거나 몸과 마음에 해가 되는 노동을 해서는 안된다.

(4) 빈곤 문제 : 생존을 위협하고 최소한의 인간다운 삶을 어렵게 하는 심각한 문제
예 가뭄, 기근, 독재, 잦은 내전 등으로 빈곤해짐

(5) 기타 : 난민, 기아, 인신매매 등 수많은 인권 문제가 발생하고 있음

인권 지수

국제 사회에서 발생하는 인권 문제를 객관적으로 파악할 수 있는 도구로 국가별 인권 보장 실태와 그 변동 상황의 비교를 위해 각종 국제 기구들이 정기적으로 조사, 발표함
예 인간 개발 지수, 세계성 격차 지수, 세계 언론 자유 지수, 부패 지수 등

3. 인권 문제의 해결 방안

(1) 국내 인권 문제 해결을 위한 노력

1) **국가** : 국민의 인권을 침해하지 않도록 법과 제도로서 인권을 적극적으로 보장
2) **사회** : 인권 교육 강화, 인권 보호 캠페인의 실시, 인권 단체들의 적극적인 활동 등을 통해 인권 문제 개선을 위한 노력
3) **개인** : 인권의 소중함을 깨닫고 타인의 인권보호를 위해 노력

(2) 세계 인권 문제의 해결 방안

1) **세계 시민 의식 함양** : 자국민의 인권만이 아니라 국제 사회의 인권 문제 해결을 위해 세계 시민 차원에서 노력
2) **국제적인 연대** : 개별 국가뿐만 아니라 국제연합(UN)이나 비정부기구(NGO)의 지원, 국제적인 여론조성, 국제법에 근거한 제재, 국제형사재판소에 제소하는 방법 등 국제 사회가 함께 노력

01 인간의 기본적인 권리로 인간의 존엄성에 기반을 두고 있는 것을 (   ) 이라고 한다.

02 인권의 성격 중 모든 사람이 누구나 누리는 권리를 (   )성이라고 하고, 태어나면서부터 가지는 권리를 (   )성, 영원히 보장되는 권리를 (   )성, 누구도 침범할 수 없는 권리를 (   )성이라고 한다.

03 영국에서는 (   )혁명을 통해 입헌군주제가 시작되었고 미국은 (   ) 혁명을 통해 세계 최초로 (   )제를 시작했다.

04 소속되어 있는 공동체에서 더 나아가 국제적인 협력을 할 권리를 (   ) 권이라고 한다.

05 "모든 국민은 인간으로서의 존엄과 가치를 가지며, (   )을 추구할 권리를 가진다. 국가는 개인이 가지는 불가침의 기본적 (   )을 확인하고 이를 보장할 의무를 진다."

06 어떠한 간섭이나 침해도 없이 생활을 영위할 수 있는 권리를 (   )권이라고 한다. 다른 기본권을 보장하기 위한 기본권으로 수단적 성격을 가진 기본권을 (   )권이라고 한다.

07 인간다운 생활을 누릴 권리로, 국가에 최소한의 생활 보장을 요구할 수 있는 적극적인 기본권을 (   )권이라 하고, 최초로 이를 표현한 헌법은 1919년 독일의 (   ) 헌법이다.

08 헌법 제37조 2항에 따르면 "국민의 모든 자유와 권리는 (   )보장, 질서유지 또는 (   )를 위하여 필요한 경우에 한하여 (   )로써 제한할 수 있으며, 제한하는 경우에도 자유와 권리의 본질적인 내용을 침해할 수 없다"고 명시되어 있다.

09 (   )는 위헌 법률 심판 제도나 헌법 소원 심판을 통해 국가 권력의 행사나 법률 규정 등이 개인의 기본권을 침해했는지 판단하여 구제해 주는 기관이다.

10 잘못된 법이나 정부 정책을 바로잡기 위해 양심에 따라 의도적이고 비폭력적으로 행하는 위법행위를 (   )이라고 한다.

11 신체적 또는 문화적 특징으로 인해 사회의 다른 구성원들에게 차별을 받으며 스스로 차별받는 집단에 속해 있다는 의식을 가진 사람들을 (   )라고 한다.

정답	1. 인권 2. 보편, 천부, 영구, 불가침 3. 명예, 독립, 대통령 4. 연대 5. 행복, 인권 6. 자유, 청구 7. 사회, 바이마르 8. 국가안전, 공공복리, 법률 9. 헌법재판소 10. 시민 불복종 11. 사회적 소수자

05 시장 경제와 금융

01 | 자본주의의 전개 과정과 합리적 선택

1. 자본주의의 특징과 전개 과정

(1) 자본주의의 의미와 특징

1) **의미** : 사유재산 제도를 바탕으로 자유로운 경제 활동을 할 수 있도록 보장하는 시장 경제의 운용원리

2) **특징** : 사적 이익 추구 인정, 사유 재산권의 인정, 경제 활동의 자유 보장, 시장경제

경제체제의 분류

생산수단의 소유 형태	자본주의 경제체제	개인의 생산수단소유를 법적으로 보장
	사회주의 경제체제	사유재산금지, 생산수단의 국유화
경제 문제 해결방식에 따라	전통경제 체제	전통 및 관습에 따라 경제 문제 해결
	계획경제 체제	정부의 계획 및 명령에 따라 경제 문제 해결
	시장경제 체제	시장 가격에 따라 자유롭게 경제 문제 해결

(2) 자본주의의 전개 과정

1) **상업자본주의** : 16세기부터 산업혁명 초기(18세기)까지, 비생산적인 상품의 유통을 통한 이윤획득, 신항로 개척과 식민지 개척을 배경으로 중상주의 정책과 절대왕정의 비호아래 성장

2) **산업자본주의** : 18세기에서 19세기 초 산업혁명시기, 자본의 축적으로 가내 수공업이 공장제 수공업으로 변화, 상품의 생산과정에서 이윤을 얻음. 자유방임주의와 결합(애덤 스미스)

3) **독점자본주의** : 19세기에서 20세기 초, 자유경쟁으로 대기업만이 생존, 자본의 집중, 기업결합 등에 의한 독점기업의 출현. 이후 과잉생산으로 대공황 발생

4) **수정자본주의** : 20세기 중반, 시장(가격)의 실패를 극복하기 위해 케인즈의 주장대로 국가의 적극적인 개입을 시작(예 뉴딜정책), 최소한의 인간다운 삶을 국가가 보장, 큰 정부

5) **신자유주의** : 20세기 후반 정부의 지나친 개입으로 비효율성 초래 → 과도한 복지로 인한 근로 의욕저하, 정부의 재정적자 발생 → 정부의 규제완화와 철폐, 복지축소, 공기업의 민영화 등을 주장하는 신자유주의 등장

2. 합리적 선택의 의미와 한계

(1) 합리적 선택의 의미 : 최소의 비용으로 최대의 만족(편익)을 얻는 것

1) **합리적 선택의 필요성** : 인간의 욕망은 무한한데 사용할 수 있는 자원은 상대적으로 부족하기 때문에 발생하는 자원의 희소성 때문에 합리적인 선택이 필요

2) 합리적 선택＝편익－비용>0

(2) 편익과 비용

1) **편익** : 선택을 통해 얻는 경제적인 이익이나 효용 (주관적인 만족감)

2) **비용** : 선택한 대안을 위해 포기해야 하는 가치 → 기회비용

(3) 기회 비용(경제학적 비용, 명시적 비용 + 암묵적 비용, 매몰 비용은 고려하면 안됨)

1) **명시적 비용** : 선택한 대안을 위해 실제로 지출된 비용

예 대학교 진학 시 낸 등록금

2) **암묵적 비용** : 선택을 위해 포기한 대안이 갖는 경제적 이익

예 대학 진학으로 포기한 취업으로 얻을 수 있었던 수입

(4) 매몰 비용 : 이미 지불하여 회수할 수 없는 비용으로 합리적 선택을 위해서는 고려할 필요가 없는 비용

예 아이돌 그룹을 만들기 위해 10억을 투자한 A씨는 2억을 더 투자해야 하는 상황에서 그룹이 크게 성공하기 어렵다는 평을 받았다. 그룹을 데뷔시키면 최소 10억을 벌 수는 있지만 여기서 중단하면 추가 2억의 지출은 없지만 기존 투자한 10억은 사라지게 된다. 이 기존 투자된 10억원이 매몰 비용이다. 합리적 선택을 하려면 기존 투자한 10억(매몰 비용)을 계산하지 말고 얻을 수 있는 수익 10억에서 추가 투자금 2억을 빼서 8억의 이윤을 얻는다고 판단하면 된다.

(5) 합리적 선택의 한계

1) 개인의 합리적 선택이 사회 전체적으로 비합리적인 결과를 초래하기도 함

   예 개인적으로 합리적인 절약이 사회 전반적으로 소비위축으로 이어져 불황을 가져옴

2) 편익과 비용을 정확하게 계산하기 어려운 경우가 있음

3) 자신의 이익을 추구하는 것이 타인의 이익을 저해하거나 공익을 해치기도 함

   예 공유지의 비극

4) 바람직한 소비를 하지 못하는 경우가 있음

   예 밴드웨건 효과, 스노브 효과, 베블런 효과 등에 의한 소비

(6) 합리적 선택 시 유의 사항 : 사익과 공익의 조화, 사회 규범 간의 조화

3. 합리적 선택의 과정

(1) 과정

문제 인식 하기	→	대안 나열 하기	→	평가 기준 설정하기	→	대안평가 하기	→	선택 및 실행하기

기회비용 구하기

문제 : A는 시간당 9,000원을 받고 식당에서 아르바이트를 하고 있다. 그런데 친구들이 영화를 보러가자고 해서 3시간동안 아르바이트 대신 영화를 보고 왔다. 영화 티켓 값은 8,000원이었다. 이때 기회비용은 얼마일까?

- 답 : 기회비용은 명시적 비용과 암묵적 비용의 합이므로 티켓 값 8,000원과 아르바이트로 벌수 있었던 돈 3시간분인 27,000원을 더해 35,000원이다.

비합리적인 소비

· 밴드웨건 효과 : 동조소비, 타인의 소비를 무조건 모방하는 것, 유행하는 물건의 구매
· 스노브 효과 : 타인이 소비하는 것은 무조건 거부하고 남과 다른 것만을 소비하려 하는 것
· 베블런 효과 : 과시소비, 부를 과시하기 위해 가격이 비싸도 소비하는 것

02 | 시장 경제와 경제 주체의 역할

1. 시장의 기능과 한계

(1) 자본주의의 의미와 특징

1) **시장의 의미** : 상품에 대한 정보 교환 및 거래가 이루어지는 장소

(2) 시장의 기능

1) **생산성 향상** : 거래에 드는 비용을 줄여 주고 특화와 교환을 가능하게 하여 생산성 향상에 기여함

2) **자원의 효율적인 배분** : 자유로운 경제 활동을 통해 자원의 효율적 배분을 가능하게 함

(3) 시장의 한계

1) **불완전 경쟁**

① 독점 : 시장에 공급자가 하나밖에 없으므로 공급자는 이윤을 높이기 위해 가격이나 생산량을 임의로 결정함

② 과점 : 소수의 공급자가 담합을 통해 가격이나 생산량을 조절하거나 가능성이 높은 상태

③ 문제점 : 소비자들이 시장가격보다 높은 가격을 지불해야 할 가능성이 높아짐 → 『독점규제 및 공정거래에 관한 법률』(일명 공정거래법) 로 규제

2) **공공재 공급 부족**

① 공공재 : 치안, 국방 등과 같이 다수의 사람들이 공동으로 소비할 수 있는 재화와 서비스

② 공공재의 특징 : 대가를 지불하지 않은 사람들의 소비를 막을 수 없고, 한 사람의 소비가 다른 사람들의 소비를 제한하지 않음, 공공재의 생산을 시장 기능에만 맡겨 둘 경우 사회에 필요한 만큼 충분히 공급되지 않으며, 무임 승차자 문제가 발생함

3) **외부 효과** : 어떤 경제 주체의 경제 활동이 다른 경제 주체에게 의도하지 않은 이익을 주거나 피해를 주는 데도 이에 대한 경제적 대가를 받거나 치르지 않는 경우로 자원의 비효율적인 배분을 초래함

① 외부 경제

㉠ 정의 : 어떤 경제 주체의 경제활동이 다른 사람들에게 이익을 주지만 보상을 받지 못하므로 활동을 지속하지 않으려 함

㉡ 대책 : 각종 보조금 지급, 세제 혜택 등 긍정적 유인을 제공해 생산이나 소비를 늘림

② 외부 불경제

㉠ 정의 : 어떤 경제 주체의 활동이 다른 사람들에게 피해를 입혔지만 제재를 받지 않으므로 활동을 지속함

㉡ 대책 : 오염 물질 배출량 제한, 세금 부과 등 정책 규제를 통해 생산이나 소비를 줄임

(4) 시장에서 나타날 수 있는 다양한 문제 : 경제적 불평등, 노사갈등, 실업, 인플레이션 등

2. 시장 경제 참여자의 바람직한 역할

(1) 정부의 역할

1) **공정경쟁을 위한 제도 제정** : 불공정 거래 및 독점 기업의 횡포와 담합 행위에 대한 단속, 소비자 권리 보호 장치 마련

2) **공공재 생산 및 공급** : 국방, 치안 등 시장에서 충분히 생산되지 않는 공공재 생산 및 공급

3) **사회 간접 자본 제공** : 도로, 철도, 교량 등을 건설하여 경제활동이 원활하게 이루어질 수 있게 함

4) **기타** : 소득 재분배 정책, 물가 안정 정책 등

예 누진세 제도, 상속세와 증여세 제도, 저소득층을 위한 생계비 지원 등

(2) 기업의 역할

1) **기업가 정신** : 혁신과 창의성을 바탕으로 이윤을 얻기 위해 위험을 무릅쓰고 도전하는 자세, 불확실한 미래를 예측하는 통찰력과 새로운 것에 도전하는 혁신 정신, 그리고 남과 다른 생각을 하는 창의성, 위험을 극복하는 인내심과 소신, 블루오션(미개척지)에 도전하는 자세 등

2) **기업의 사회적 책임** : 건전한 이윤을 추구하는 것과 함께 소비자의 권익을 고려하는 것

예 소비자와 근로자, 환경 등을 고려하는 윤리경영선언

(3) 노동자의 역할

1) **노동 3권** : 노동자와 사용자가 대등한 위치에서 협상할 수 있도록 하기 위해 단결권, 단체교섭권, 단체행동권을 헌법에 보장

2) **권리와 의무** : 권리의 보장요구와 함께 자신의 역할을 충실히 수행, 기업과의 공생을 위한 의무를 충실히 이행

노동 3권
- 단결권 : 근로자가 근로조건 개선 등을 위해 노동조합을 결성할 수 있는 권리
- 단체교섭권 : 노동조합이 사용자와 근로조건 등에 대해 교섭하고 협약을 체결할 수 있는 권리
- 단체행동권 : 근로조건의 유지 및 개선을 위해 근로자가 파업이나 태업 등과 같은 단체 행동을 할 수 있는 권리

(4) **소비자의 역할**

1) **소비자 주권** : 생산물의 종류와 수량을 최종적으로 결정하는 권한이 소비자에게 있다는 것 → 합리적 소비를 할 필요가 있음

2) **합리적 소비** : 상품의 정보를 바탕으로 편익과 비용을 고려하여 소비, 소득을 넘어서는 과소비를 지양함

3) **윤리적 소비** : 노동자의 인권, 환경 보호, 공정무역 등을 고려한 소비

03 | 국제 무역의 확대와 영향

1. 국제 분업과 무역의 필요성

(1) **국제 분업**

1) **의미** : 각 나라가 다른 나라보다 더 잘 만들 수 있는 재화와 서비스를 특화하여 생산하는 것

2) **발생 이유** : 국가 간 생산비의 차이 → 자원의 편재성, 노동과 자본의 양 및 질적 차이 등에 의해 결정

(2) **무역**

1) **의미** : 각 나라가 자신들이 생산한 상품이나 서비스를 다른 나라와 사고 파는 국제 거래

2) **필요성** : 국가 간에 비교 우위에 있는 상품에 특화 생산하여 교환하면 거래 당사자 간에 이익이 발생, 자국에서 얻기 힘든 물건을 다른 나라에서 얻을 수 있음

(3) **절대우위와 비교우위**

1) **절대우위 (애덤스미스)**

① 한 나라가 어떤 상품을 생산하는 비용이 다른 나라보다 적게 드는 것으로 그 상품을 특화해서 타국과 상호교환하면 무역 이익이 발생한다고 보는 것

② 한 나라가 모든 재화생산에서 절대우위나 절대열위에 발생하는 무역을 설명하지 못함

2) 비교우위 (데이비드 리카도)

① 한 나라가 생산하는 상품의 기회비용이 다른 나라보다 낮은 것으로 이 부분을 특화해서 교환하면 양국 모두에 무역 이익이 발생함

② 모든 재화의 생산에 절대우위가 있거나 절대열위에 있어도 상대국보다 적은 기회비용으로 재화를 생산할 수 있다면 비교우위에 있다고 할 수 있음

2. 국제 무역 확대와 영향

(1) 국제 거래 확대 : 세계무역기구(WTO) 등장과 자유무역협정(FTA) 체결로 국제 거래가 더욱 확대되고 있음

(2) 무역의 긍정적 영향

1) **기업의 생산성과 효율성 향상** : 외국 기업과의 경쟁을 통한 기술 개발과 생산성 향상에 힘쓰게 됨

2) **규모의 경제와 고용 창출** : 전 세계를 대상으로 생산하므로 대량 생산을 통해 단위당 생산비가 절감되고 생산량 증가로 인해 고용 창출이 이루어질 수 있음

3) **새로운 아이디어 및 기술 전파** : 교류의 확대는 다양한 기술이나 문화가 들어오는 계기가 됨

4) **풍요로운 소비 생활** : 선택할 수 있는 재화와 서비스의 폭이 확대되어 저렴하고 질 좋은 재화와 서비스의 소비 가능

5) **문화 교류의 활성화** : 다양한 문화를 누릴 수 있고 문화 발전에 이바지 함

(3) 무역의 부정적 영향

1) **자국 산업의 위축** : 경쟁력이 없는 기업과 산업이 위축될 수 있고 이와 관련된 사람들이 일자리를 잃을 수 있으며 이는 국가 산업에 악영향을 끼칠 수 있음

2) **무역 의존도 증가** : 무역비중이 높은 경우 상대 국가의 경제 상황에 따라 국내 경제가 큰 영향을 받음

3) **국가 간 빈부 격차 심화(남북문제)** : 선진국과 개발도상국 간의 무한경쟁으로 격차가 더욱 커질 수 있음

04 | 자산 관리와 금융 생활

1. 다양한 금융 자산과 합리적 자산 관리

(1) 자산 : 일반적으로 사람들이 소유하고 있는 유 · 무형의 재산

예 현금, 예금, 주식, 채권, 부동산 등

(2) 자산 관리

1) **의미** : 저축과 투자에 대한 계획을 세우고 실행하는 것

2) **필요성** : 평균수명의 증가로 안정적인 노후생활에 대비한 자산관리가 필요해짐

(3) 다양한 금융자산

1) **예금** : 목돈을 일정기간 은행에 예치해 이자를 받는 것으로 「예금자 보호법」 적용으로 안전성이 높지만 수익성은 낮은 편

2) **적금** : 계약 기간 동안 일정한 금액을 여러 번 납입하여 만기 시 원금과 이자를 받는 것으로 예금과 함께 「예금자 보호법」의 적용을 받음

3) **주식** : 주식회사가 사업 자금 조달을 위해 발행하는 증서, 회사가 수익을 내면 주주들은 소유한 주식에 비례해 배당금을 받을 수 있고 주식을 팔아 시세 차익을 얻을 수 있음(수익성은 높지만 안전성이 낮은 편)

4) **채권** : 정부, 은행, 기업 등이 정해진 시점에 원금과 이자를 지급할 것을 약속하고 돈을 빌린 후 제공하는 증서, 채권자는 약속한 이자를 받을 수 있어 주식보다 비교적 안전성이 높지만 원금 손실 가능성도 있음(예금보다 수익성이 높은 편이나 원금 손실의 가능성 있음)

5) **펀드** : 다수의 투자자에게서 모은 자금을 금융 기관이 주식 및 채권 등에 투자하여 그 수익을 투자자들에게 분배하는 간접 투자 상품으로 원금 손실이 발생할 수 있음

6) **보험** : 미래에 당할지도 모를 사고에 대비하여 매달 정기적으로 보험료를 내고, 사고가 나면 약속한 보험금을 받는 제도로, 금융 상품의 기능도 가지고 있음

7) **연금** : 노후 생활의 안정을 위해 돈을 적립해 두고 은퇴 등 소득이 없어지는 시기에 일정 금액을 정기적으로 지급받는 금융 상품

(4) 자산 관리의 원칙

1) 자산의 안전성

① 의미 : 투자한 자산의 가치가 안전하게 보호될 수 있는 정도

② 자산의 안전성

㉠ 예금 : 원금의 손실을 가져올 가능성이 거의 없으므로 안전성이 높음

㉡ 주식 : 원금의 손실을 가져올 수 있어 예금보다 안전성은 낮음

2) 자산의 수익성

① 예금 : 예금이자가 유일한 기대수익으로 수익성이 낮음

② 주식 : 주식가격의 상승분과 해당 기업의 수익을 투자자에게 돌려주는 배당금이 있어 기대수익이 예금보다 높은 편

3) **자산의 유동성(환금성)**

① 이미 보유하고 있는 자산을 쉽게 현금으로 바꿀 수 있는 정도

② 예금은 언제든지 해약해서 현금으로 바꿀 수 있어 유동성이 높은 편

③ 부동산 : 거래하는 데 시간이 오래 걸리고 가격이 상대적으로 높은 편이라서 쉽게 팔기 어려워 유동성이 낮은 편

(5) 합리적인 자산 관리 방법

1) 저축이나 투자의 목적과 기간에 따라 수익성, 안전성, 유동성을 고려해야 함

2) 분산투자(포트폴리오)를 하면 손해를 보는 부분이 있어도 다른 곳에서 이익을 통해 손실을 보전할 수 있어 보다 안전하게 자산을 운용할 수 있음

2. 생애 주기와 금융 생활의 설계

(1) 생애 주기

1) **생애 주기 의미** : 시간의 흐름에 따라 인간의 삶이 어떻게 변하는지를 단계별로 표시

2) **발달 과업** : 생애 주기에 따라 단계별로 요구되는 과업

3) **생애 주기에 따른 발달 과업**

① 아동기 : 학교생활을 통해 공동체 생활에 필요한 지식과 규범을 학습함, 자아정체성을 형성하고 자신의 진로를 탐색함

② 청년기 : 경제적 독립을 위해 취업을 준비함, 성인으로서의 신념을 확립하고 결혼과 가족생활을 준비함

③ 중장년기 : 자녀를 양육하고 주택을 마련하는 등 책임 있는 구성원으로서의 역할을 수행, 직업인으로서의 역할을 수행하고 노후에 대비함

④ 노년기 : 은퇴 이후 소득 감소에 적응함, 건강을 관리하고 보람된 노후 생활을 하기 위해 노력함

(2) 생애 설계의 의미와 방법

1) **생애 설계의 의미** : 자신의 인생 목표를 실현하기 위해 수행하는 전 생애에 걸친 종합적이고 장기적인 계획

2) **생애 설계의 중요성** : 자신의 삶 예측 가능, 생애주기의 발달 과업에 대한 사전 인식, 미래의 발달 과업 수행에 대비

3) **생애 설계의 방법**

① 삶의 목표 설정 : 자신의 꿈과 삶의 목표 설정

② 하위 목표 설정 : 직업, 결혼, 자녀, 경제활동, 노후대비 등에 대한 세부적인 목표 설정

③ 실천 방안 마련 : 하위 목표를 달성하기 위한 방안 마련

생애 주기와 재무설계

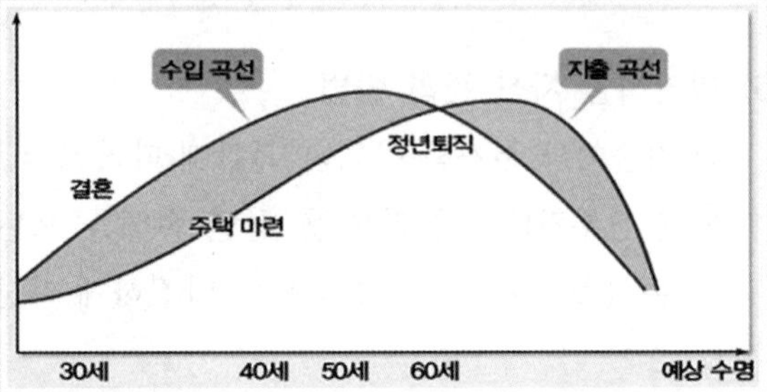

(3) 생애 주기별 금융 설계 : 생애 주기에 따른 단계적 과업을 설정하고 생애 주기별 과업을 바탕으로 재무 목표를 설정하여 목표 달성에 필요한 구체적인 계획을 세우는 과정

재무설계의 과정

① 재무 목표 수립 : 결혼 자금 마련, 주택 마련, 은퇴 준비 등 생애 주기에 따른 과업들을 재무 목표로 삼을 수 있음, 목표에 따른 지출 금액을 예상해보고 투자 기간을 설정함

② 재무상태 파악 : 현재 소득과 지출 상황, 보유 자산 등을 점검함, 목표 달성을 위해 부족한 예산을 확인하고 이를 계획 수립에 반영함

③ 포트폴리오 구성 : 재무 목표의 성격과 투자 기간에 따라 수익성, 안전성, 유동성을 고려해서 포트폴리오를 구성함

④ 실행 : 재무 설계에 따라 이를 성실하게 실천함

⑤ 실행 결과 평가 : 정기적으로 포트폴리오를 점검함, 소득과 지출의 변화 발생 시 계획을 수정함

01 사유재산 제도를 바탕으로 자유로운 경제 활동을 할 수 있도록 보장하는 시장 경제의 운용원리를 (   )자본주의라고 한다.

02 시장(가격)의 실패를 극복하기 위해 국가가 적극적인 개입을 시도하는, 최소한의 인간다운 삶을 국가가 보장하는 국가체제를 (   ) 국가라고 한다.

03 선택을 통해 얻는 경제적인 이익이나 효용 등의 주관적인 만족감을 (   )이라 하고 선택한 대안을 위해 지불해야 하는 가치를 (   )이라고 한다.

04 경제학적 비용이며 명시적 비용과 암묵적 비용이 합쳐진 것으로 합리적 선택을 할 때는 적을수록 좋은 비용을 (   )이라고 한다.

05 이미 지불하여 회수할 수 없는 비용으로 합리적 선택을 위해서는 고려할 필요 없는 비용을 (   ) 비용이라고 한다.

06 타인의 소비를 무조건 모방하는 것으로 동조소비라고 하는 것은 (   ) 효과이다. 스노브 효과는 타인이 소비하는 것은 무조건 거부하고 남과 다른 것만을 소비하려 하는 것으로 일종의 (   ) 효과라고 한다. (   ) 효과는 일종의 과시소비로 부를 과시하기 위해 가격이 비싸도 기꺼이 소비하는 것을 말한다.

07 치안, 국방 등과 같이 다수의 사람들이 공동으로 소비할 수 있는 재화와 서비스를 (   )라고 한다.

08 어떤 경제 주체의 경제 활동이 다른 경제 주체에게 의도하지 않은 이익을 주거나 피해를 주는 데도 이에 대한 경제적 대가를 받거나 치르지 않는 경우로 자원의 비효율적인 배분을 초래하는 현상을 (　　　) 효과라고 한다.

09 혁신과 창의성을 바탕으로 이윤을 얻기 위해 위험을 무릅쓰고 블루오션에 도전하는 자세를 (　　　) 정신이라고 한다.

10 근로자가 근로조건 개선 등을 위해 노동조합을 결성할 수 있는 헌법에 보장된 권리를 (　　　)권이라고 한다. 노동조합이 사용자와 근로조건 등에 대해 교섭하고 협약을 체결할 수 있는 권리는 (　　　)권이라고 하고 근로조건의 유지 및 개선을 위해 근로자가 파업이나 태업 등과 같은 단체 행동을 할 수 있는 권리는 (　　　)권이라고 한다.

11 한 나라가 생산하는 상품의 기회비용이 다른 나라보다 낮은 것으로 이 부분을 특화해서 교환하면 양국 모두에 무역 이익이 발생한다는 무역이론을 (　　　) 이론이라고 한다.

12 수익성을 최우선으로 고려하는 투자자는 (주식, 예금)을, 유동성을 최우선으로 고려하는 투자자는 (주식, 예금)을 선택할 것이다. (맞는 것에 O 표시)

13 정부, 은행, 기업 등이 정해진 시점에 원금과 이자를 지급할 것을 약속하고 돈을 빌린 후 제공하는 증서를 (　　　)이라고 한다. (　　　)은 예금보다는 수익률이 좋은 편이지만 주식보다는 낮은 편이고, 주식보다는 안전한 편이나 예금보다는 안전성이 낮은 편이다.

14 생애 주기 전체를 고려하여 자금에 대한 계획을 세우는 것을 (　　　) 라고 한다.

정답 1. 시장 2. 수정자본주의(복지) 3. 편익, 비용 4. 기회 비용 5. 매몰
6. 밴드웨건, 속물, 베블런 7. 공공재 8. 외부 9. 기업가 10. 단결, 단체교섭, 단체행동
11. 비교우위 12. 주식, 예금 13. 채권, 채권 14. 생애 설계

06 정의와 사회 불평등

01 | 정의의 의미와 실질적 기준

1. 정의의 의미와 역할

(1) 정의의 의미

1) 사회를 구성하고 유지하는 공정하고 올바른 도리
2) 개인이나 사회가 추구해야 할 기본적으로 핵심적인 덕목
3) 사회 구성원들이 공정하게 자신의 몫을 분배받는 것 (동일한 것은 동일하게, 다른 것은 다르게 대우하는 것)

아리스토텔레스의 정의

보편적 정의 (일반적 정의)	공동선과 덕을 장려하는 법을 지킴으로써 성립되는 정의
특수적 정의	분배적 정의 : 시민들 사이에 분배되는 권력, 명예, 재화 등에 관련된 것으로 각자의 기여도에 비례해서 분배하는 정의
	시정적 정의(교정적 정의) : 이익과 손해의 균등을 회복시켜 주는 정의로 다른 사람에게 해를 끼치면 그만큼 보상해주고 다른 사람에게 이익을 준 경우 그만큼 받는 것
	교환적 정의 : 같은 가치를 지닌 두 물건을 교환하게 함으로써 교환의 결과를 공정하게 하는 정의

(2) 정의의 역할

1) **사회 구성원의 기본적인 권리를 보장할 수 있음** : 자유권, 평등권, 행복추구권 등을 통해 인간다운 삶을 보장
2) 공동체를 신뢰하고 서로 협력하게 하여 사회 통합의 기반을 마련할 수 있음
3) 개인선과 공동선을 조화롭게 유지시켜 사회적 갈등을 최소화해 줌
4) **옳고 그름에 관한 판단 기준의 제공** : 개인 및 집단 간의 갈등과 분쟁을 조정하여 사회 문제를 해결할 수 있음

개인선과 공동선

· 개인선 : 개인의 행복 추구나 자아실현 등 개인에게 이익이 되거나 행복을 가져다주는 것으로 단순화 시켜 사익이라고 하기도 함

· 공동선 : 공동체가 추구하는 가치로 공동체 모두의 행복이나 발전을 가져다주는 것으로 단순화 시켜 공익이라고 하기도 함

2. 정의의 실질적 기준

(1) 정의의 실질적 기준의 필요성

1) 사회자원의 희소성과 유한성 때문에 공정하게 분배하는 것이 필요

2) **정의의 실질적 기준** : 능력, 업적, 필요 등

(2) 능력에 따른 분배

1) **의미** : 신체적, 정신적 능력에 따라 분배하는 것

2) **장점** : 개인이 지닌 잠재력을 실현할 수 있는 기회를 제공해 성취동기를 높임

3) **한계**

① 능력을 평가하는 정확한 기준을 마련하기 쉽지 않음

② 능력 중 일부가 우연적 또는 선천적으로 결정된다는 점을 고려하지 않기 때문에 사회적, 경제적 약자의 소외감을 유발하고 사회 불평등을 심화시킬 수 있음

4) **사례** : 수시전형에서 잠재가능성이나 재능을 보고 학생을 선발

(3) 업적에 따른 분배

1) **의미** : 사람들의 업적과 기여도에 따른 분배

2) **근거** : 기회의 평등상황에서 개인들이 자유롭게 경쟁하여 그 성과를 분배받는 것이 정의롭다고 봄

3) **장점** : 성취동기를 북돋을 수 있고, 주관적인 편견을 배제하여 공정성을 확보할 수 있음, 사회 발전과 생산성 향상을 가져 올 수 있음

4) **한계**

① 업적을 쌓기 위한 과열경쟁으로 구성원 간의 사회적 갈등이 발생할 우려

② 사회적 약자에 대한 배려가 부족할 수 있음

5) **사례** : 학교 성적이 좋은 학생에게 장학금을 지급하는 것

(4) 필요에 따른 분배

1) **의미** : 인간다운 삶을 보장하는 데 기본적인 욕구를 충족할 수 있도록 분배하는 것

2) **근거**

① 타고난 신체적 조건뿐만 아니라 사회적 경제적 환경의 차이에 의해 능력과 업적에 차이가 나타나기 때문에, 능력과 업적만을 기준으로 분배하는 것은 불평등하고 불공정함

② 개인의 신체적 정신적 능력은 인종, 지역, 가정환경 등 외적 조건에 의한 교육과 훈련 여건의 차이에 영향을 받는 경우가 많으므로 사회적 약자를 보호하기 위해 기회의 평등을 넘어 결과의 평등이 이루어져야 함

3) **장점**

① 사회적 약자를 보호하기 위한 다양한 복지 제도와 사회 안전망을 마련하는 근거가 됨

② 사회적 불평등의 문제를 개선하여 경제의 안정성을 도모하는 기능을 함

4) **한계**

① 개인의 성취동기와 창의성을 저하시켜 경제적 비효율성을 증가시킬 수 있음

② 재화는 한정되어 있으므로 모든 사람의 필요와 욕구를 만족시킬 수는 없음

02 | 다양한 정의관

1. 자유주의적 정의관

(1) 자유주의적 정의관

1) **의미** : 개인의 자유로운 선택과 노력에 의해 얻은 결과물에 대한 소유권을 절대적인 가치로 인정함. 자유주의와 개인주의에 기반을 두고 있음

2) **특징** : 개인의 이익추구가 타인에게 피해를 주지 않는 한, 국가는 개인의 삶에 개입하거나 간섭하지 않고 자유를 최대한 보장하는 것이 사회 전체적으로 효율적인 결과를 가져온다고 봄

(2) 자유주의적 정의관에서 본 개인의 자유와 공동선

1) 개인이 자유롭게 이익을 추구하게 하면 자유로운 경쟁에 의해 개개인의 욕구가 충족되고, 이 과정을 통해 저절로 국부가 증진되고 풍요로움이 확대되므로 공동선에 이바지 한다고 봄

2) 개인이 마음 놓고 경제활동을 통해 이익을 추구할 수 있도록 국가는 국방, 법질서 유지, 공공재 생산 등 최소한의 역할만 하고 그 이상의 개입이 나 통제를 해서는 안 된다고 봄

예 노직(자유 지상주의) : 개인의 자유와 소유권리 중시, 국가는 최소한의 역할로 국가에 의한 재분배 반대

3) **한계**

① 배려가 필요한 사회적 약자는 경쟁에서 도태되므로 자유로운 경쟁이 불가능하게 됨

② 우연적 조건이나 운에 의해 형성된 분배가 지속될 경우 모든 사람이 동등한 기회를 얻을 수 없음

③ 타인에게 무관심하고 자신의 이익만을 추구하게 되면 공동선이 사라질 수도 있음

롤스의 정의

제1의 원칙	평등한 자유의 원칙	모든 사람은 동등한 기본적 자유를 최대한 누려야 한다
제2의 원칙	차등의 원칙	"최소 수혜자에게 최대이익을 보장" 해야 한다.
	기회균등의 원칙	불평등의 계기가 되는 직책이나 지위는 공정한 기회균등의 원칙에 따라 모든 사람에게 개방되어야 한다.

※ **'무지의 베일'을 전제로 함**

2. 공동체주의적 정의관

(1) 공동체주의적 정의관

1) **의미** : 개인의 자아정체성과 좋은 삶은 공동체의 역사와 전통을 공유하는 가운데 형성된다고 봄

2) **특징** : 각자의 몫을 정하는 정의의 문제에서도 공동체가 지향하는 가치와 미덕을 고려하여 분배 방향을 결정해야 하고, 개인은 이를 존중하고 공동체 내에서 책임 있는 역할을 해야 한다고 봄

(2) 공동체주의적 정의관에서 본 공동선과 개인의 자유

1) 개인의 권리나 의무는 공동체의 역사와 문화, 다른 구성원과의 관계 속에서 상대적이고 특수하게 적용될 수 있다고 봄

2) 개인은 연대 의식을 가지고 공동선을 달성하기 위해 자발적인 봉사와 희생정신을 발휘해야 하고, 국가는 개인에게 이와 같은 미덕을 제시하고 권장하는 역할을 해야 한다고 주장함

3) **한계**

① 개인의 자유를 억압하는 부당한 관습과 정의롭지 못한 제도가 나타날 수 있음

② 연고주의나 공동체의 목표달성을 위해 인류의 보편적 가치를 위협하는 행위가 나타날 수 있음

3. 개인과 공동체의 관계

(1) 개인과 공동체의 조화

1) 어느 한쪽만을 지나치게 중시해서는 안 되고 상호보완적 관계로 조화를 지향해야 함

① 개인선의 실현은 자연스럽게 공동선의 실현으로 연결되고 공동선의 실현은 구성원 각자의 개인선으로 이어짐

2) **사익과 공익의 조화** : 자유주의는 의무를 존중하고 공동체주의는 개인의 권리와 행복 등의 사익을 존중해야 함

3) **권리와 의무의 조화**

① 권리는 사회 속 개인이 자유를 행사하는 것이고 의무는 공동체의 질서를 유지하기 위해 지켜야 하는 것

② 책임과 의무는 개인의 권리를 전제하는 것이기 때문에 권리와 의무, 권리와 책임은 상호보완적

(2) 개인선 또는 공동선 만을 추구할 때의 문제점

1) **개인선 만을 추구할 때** : 타인의 권리를 침해하고 공동선을 훼손하여 사회적 갈등과 위기를 유발 예 공유지의 비극

2) **공동선 만을 추구할 때** : 개인의 자유와 권리가 위축되고, 사회를 위한 개인의 희생을 당연시하고 정당화 함

예 2차 대전의 전체주의 : 독일 나치즘, 이탈리아 파시즘, 일본 군국주의 등

공유지의 비극

어느 마을에 공유지에 풀이 가득했다. 마을 주민들은 자신의 목장에 풀이 많음에도 불구하고 너도나도 공짜인 공유지에 몰려들어 자신의 가축들을 풀어놓았다. 결국 1년도 안 되어 공유지의 풀은 씨가 말랐고 가축들의 오물만이 가득해져 이후 그 누구도 공유지를 이용하지 못하게 되었다.

(3) **자유와 권리 보장 및 의무 이행** : 공동체는 개인의 자유와 권리를 최대한 보장하고, 개인은 공동체에 대한 의무를 적극적으로 다할 필요가 있음

자유주의와 공동체주의 비교

구분	자유주의	공동체주의
인간관	공동체 역할보다 개인의 선택에 의한 자아정체성 중시	공동체 전통과 가치를 통해 개인의 정체성 형성
국가관	국가는 개인 보호에만 집중 국가의 중립성 강조	국가의 개인 삶 적극적 관여 국가의 중립적 태도 반대
한계	의무에 무관심, 사회통합어려움	개인의 자유를 억압
대표적 사상가	노직, 롤스	매킨타이어, 샌델

03 | 불평등의 해결과 정의의 실현

1. 사회 불평등 현상의 의미와 양상

(1) **의미** : 재산 권력, 명예 등의 희소한 자원이 개인이나 집단에 차등적으로 분배되어 사회 구성원들이 차지하는 위치가 서열화되어 있는 상태

(2) **영향**

1) **긍정적 영향** : 차별적 보상으로 구성원들에게 동기 부여가 됨

2) **부정적 영향** : 불평등이 심화될 경우 정의로운 사회 실현을 방해하고 구성원들을 무기력하게 만들며 결국 사회불안을 불러옴

(3) **불평등의 양상**

1) **계층의 양극화 현상**

① 의미 : 사회 계층 중 중층의 비중이 줄어들고 상층과 하층의 비중이 늘어나는 현상

② 영향 : 계층 간 위화감 조성, 사회 발전 동력 감소, 사회 불안 증가

2) 공간 불평등

① 의미 : 발전 지역과 낙후 지역, 도시와 농촌, 수도권과 비수도권 등 지역에 따라 사회적 기회나 자원의 불평등이 나타나는 것

② 영향 : 공간 불평등이 경제, 교육, 의료, 문화 불평등으로 이어져 사회전반의 불평등을 심화시킴

3) 사회적 약자 차별

① 의미 : 사회적 약자들이 성별, 나이, 신체적 조건, 경제적 지위 등을 기준으로 불합리하게 차별받거나 소외되는 현상 예 유리천장

② 원인 : 선입견, 편견, 고정관념, 차별을 용인하는 사회 분위기 등

③ 사례 : 여성, 노인, 저소득층, 성소수자, 북한이탈주민, 이주노동자 등

2. 정의로운 사회를 위한 다양한 제도와 실천 방안

(1) 사회복지 제도

1) **의미** : 기본적 욕구 충족 및 정상적인 생활을 할 수 있도록 사회적으로 지원하는 제도

2) **의의** : 사회적 양극화의 완화, 인간의 존엄성 보장, 사회통합에 도움

3) 종류

종류	특징	사례
공공부조	생활유지가 어려운 사람들에게 국가가 최저의 생활을 보장하고 자립을 지원하는 제도, 본인부담 없음, 가입 없음, 소득재분배 효과 강함	국민기초생활보장제도, 의료급여제도
사회보험	일정한 소득이 있는 국민에게 보험방식으로 미래에 있을 사회적 위험을 미리 대비하게 하는 제도, 본인 부담 있음, 의무가입, 상호 부조 기능 강함	국민연금, 국민건강보험, 고용보험, 산업재해보상보험, 노인장기요양보험 등
사회서비스	사회적인 약자에게 실질적이고 비금전적인 지원을 하는 것	복지시설이용, 직업소개, 직업훈련과 교육 등

(2) 공간 불평등의 완화 방안 (지역 격차 완화 정책)

1) 지방 분산

① 공공기관 이전 : 수도권에 집중된 공공기관을 이전해 과밀화 해소, 수도권에서 지방으로 기업 이전 시 세금 감면 및 규제 완화 혜택 제공

② 혁신도시개발 : 지역의 성장 거점에 지역의 대학, 연구소, 지방자치 단체, 산업체가 협력하여 새로운 성장 동력을 창출하는 미래형 도시인 혁신 도시 개발

2) **자립형 지역 발전 기반 구축** : 해당 지역의 잠재력을 살릴 수 있는 산업 육성

[예] 지역 브랜드 구축, 관광마을 조성, 지역 축제와 같은 장소 마케팅 등

3) **도시내부 불평등 개선** : 저렴한 공공임대 주택, 장기전세 주택 보급, 도시환경정비 등

(3) 적극적 우대 조치

1) **의미** : 사회적 약자에게 실질적인 기회의 평등을 보장하기 위해 일정한 혜택을 부여하는 다양한 정책

2) **필요성** : 오랫동안 차별을 받아온 상태이므로 강력한 우대조치 없이는 해결 어려움

3) **사례** : 여성 고용 할당제, 장애인 의무 고용 제도, 대학입시 사회적 배려 대상자 전형 등 → 역차별, 낙인효과 등의 문제가 발생하지 않도록 유의

01 사회를 구성하고 유지하는 공정하고 올바른 도리를 (　　　)라고 한다.

02 (　　　　　)이란 개인의 행복 추구나 자아실현 등 개인에게 이익이 되거나 행복을 가져다주는 것으로 단순화시켜 사익이라고 하기도 한다.
(　　　　　)이란 공동체가 추구하는 가치로 공동체 모두의 행복이나 발전을 가져다주는 것으로 단순화시켜 공익이라고 하기도 한다.

03 (　　　　)에 따른 분배는 신체적, 정신적 능력에 따라 분배하는 것을 말한다.

04 (　　　)에 따른 분배는 사람들의 업무결과와 기여도에 따라 분배하는 것을 말한다.

05 (　　　)에 따른 분배는 인간다운 삶을 보장하는 데 기본적인 욕구를 충족할 수 있도록 분배하는 것을 말한다.

06 롤스는 첫번째 정의 원칙을 (　　　　)의 원칙이라고 했고 누구나 기본적 권리를 누리면 된다고 보았다. 두번째 정의 원칙을 (　　　)의 원칙이라고 해서 '(　　　　　　)에게 최대 이익을 주는 것'이라고 주장했다.

07 개인의 자유로운 선택과 노력에 의해 얻은 결과물에 대한 소유권을 절대적인 가치로 인정하는 가운데 형성되는 정의관을 (　　　　　)적 정의관이라고 한다.

08 개인의 자아정체성과 좋은 삶은 공동체의 역사와 전통을 공유하는 가운데 형성된다고 보는 것을 (　　　　　)주의적 정의관이라고 한다.

09 개인선 만을 추구할 때 (　　　　)의 비극과 같은 현상이 나타날 수 있고 공동선 만을 추구하게 되면 2차 대전 때 등장한 (　　　　)주의 같은 사례들이 나타날 수 있다.

10 성별, 나이, 신체적 조건, 경제적 지위 등을 기준으로 불합리하게 차별받거나 소외되는 사람들을 (　　　　　)라고 한다.

11 경제적 능력이 많이 부족한 사람들을 국가에서 도와주는 제도로 자기분담금이 없고 가입도 필요 없는 최소한의 인간다운 삶을 국가가 보장하는 제도를 (　　　　　)라고 한다.

12 사회적 약자에게 실질적인 기회의 평등을 보장하기 위해 일정한 혜택을 부여하는 다양한 정책들을 (　　　　　　　) 조치라고 한다.

정답 1. 정의 2. 개인선, 공동선 3. 능력 4. 업적 5. 필요
6. 평등, 차등, 최소 수혜자 7. 자유주의 8. 공동체
9. 공유지, 전체 10. 사회적 약자 11. 공공부조 12. 적극적 우대

Part 3

사회 변화와 공존

07 문화와 다양성

01 | 세계의 다양한 문화권

1. 문화권의 형성에 영향을 끼친 요인

(1) 문화와 문화권

1) **문화** : 인간이 자연 환경과 상호작용을 통해 만들어낸 의식주, 종교, 언어, 풍습 등의 총체적인 생활양식을 말함

2) **문화권** : 문화적 특성이 유사하게 나타나는 범위로 같은 문화권 안에서는 비슷한 생활양식과 문화경관이 나타남

(2) 자연 환경 : 기후와 지형 등의 자연환경은 의복, 음식, 주거형태 등에 영향을 줌

1) **의복**

① 열대기후 지역 : 통풍이 잘되는 옷

② 건조기후 지역 : 얇은 천으로 온몸을 감싸는 옷

③ 한대기후 지역 : 동물의 가죽이나 털로 만든 옷

2) **음식**

① 고온다습한 아시아 계절풍 기후 지역 : 쌀을 주식으로 하는 음식 문화

② 건조 기후 지역과 유럽 : 빵과 고기를 먹는 음식 문화

③ 남아메리카의 고산지대 : 감자와 옥수수를 먹는 음식 문화

3) **주거**

① 열대기후 지역 : 고상가옥, 경사가 급한 지붕

② 건조기후 지역 : 흙벽돌집, 평평한 지붕

③ 냉대기후 지역 : 통나무집

(3) 인문 환경 : 종교, 산업 등의 인문 환경은 문화권 형성에 영향을 줌

1) **종교**

① 이슬람 문화권 : 모스크, 돼지고기 금기, 할랄 산업 발달 등

② 힌두교 문화권 : 소고기 금기, 신분제(카스트제도), 갠지스 강의 종교의식 등

③ 크리스트교 문화권 : 성당, 교회와 십자가 등

④ 불교 문화권 : 사원과 탑, 불상 등

2) **산업** : 농경문화권, 유목문화권 등

2. 다양한 문화권의 특징

(1) 동양 문화권

1) **동부아시아 (한국, 중국, 일본)** : 유교와 불교 문화 발달, 젓가락 사용, 한자 사용

2) **동남아시아 (베트남, 태국, 인도네시아 등)** : 중국과 인도, 이슬람 문화 등이 혼재 → 불교, 이슬람교, 크리스트교 등 종교 구성 다양, 세계적인 벼농사 지역, 플랜테이션 활발

3) **남부아시아 (인도, 파키스탄, 네팔 등)** : 잦은 외세의 영향으로 민족, 언어, 종교가 다양하게 분포, 힌두교와 불교, 이슬람교의 혼재

(2) 유럽 문화권

1) **북서부 유럽 (영국, 프랑스, 독일)**

① 게르만족과 개신교 중심

② 산업 혁명의 발상지로 경제 발달 수준이 높음

③ 서안 해양성 기후를 바탕으로 혼합농업과 낙농업 발달

2) **남부 유럽 (이탈리아, 그리스, 스페인)**

① 라틴족과 가톨릭교 중심

② 지중해성 기후를 바탕으로 수목농업 발달, 관광산업 발달

3) **동부 유럽**

① 슬라브족과 그리스 정교 중심, 농업 중심

(3) 건조 문화권 (서남아시아, 북부아프리카, 중앙아시아)

1) 이슬람교 중심, 아랍어 사용

2) 유목과 오아시스 농업 발달, 최근 석유 개발로 빠른 성장세

(4) 아프리카 문화권 (사하라 사막 이남의 중남부 아프리카)

1) 유럽 식민 지배의 영향으로 종족과 국경의 불일치 → 종족 간 분쟁이 끊이지 않음

2) 종교, 언어 등이 매우 복잡, 부족 단위의 원시 문화 남아 있음

3) 이동식 화전 농업, 플랜테이션 발달

(5) 아메리카 문화권

1) 앵글로 아메리카 (미국, 캐나다)

① 북서 유럽 국가(영국)의 식민 지배 영향 → 주로 영어 사용, 개신교 비중 높음

② 세계 경제의 중심 및 역할(미국), 세계적인 농축산물 수출 지역

2) 라틴 아메리카 (멕시코, 브라질, 아르헨티나 등)

① 에스파냐, 포르투갈의 식민 지배 영향 → 에스파냐어와 포르투갈어, 가톨릭 비중 높음

② 다양한 문화 발달, 인종(민족) 간 광범위한 혼혈이 이루어짐

(6) 오세아니아 문화권 (호주, 뉴질랜드)

1) 청정하면서 독특한 환경이 보존되어 있음

2) 유럽 국가의 식민 지배 영향으로 영어 사용자와 개신교 신자의 비중이 높음

3) 상업적 농목업 발달, 원주민 문화(호주의 어보리진과 뉴질랜드의 마오리족)의 소멸 위기

(7) 북극 문화권 : 순록 유목 및 수렵, 어로 생활, 사모예드족, 라프족, 이누이트족 등
최근 현대 문명의 전파로 전통적 생활 양식이 사라지고 있음

세계의 문화권 지도

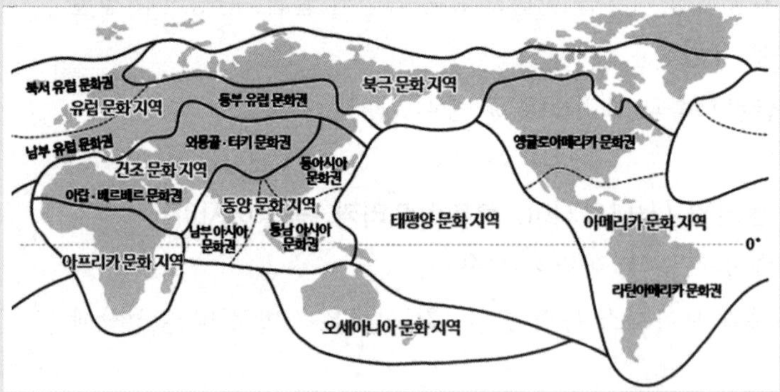

02 | 문화 변동과 전통 문화의 창조적 계승

1. 문화 변동

(1) 의미 : 새로운 문화 요소가 등장하거나 다른 문화와의 접촉을 통해 문화가 변화하는 현상

(2) 변동 요인

1) **내재적 요인**

① 발명 : 새로운 문화 요소를 만들어 내는 것, 1차 발명과 2차 발명으로 구분

② 발견 : 이미 존재하고 있지만 알려지지 않은 것을 찾아내는 것

2) **외재적 요인** : 타문화와 교류, 접촉하면서 새 문화 요소가 전달되어 정착하는 문화전파

① 직접 전파 : 사람 간의 직접적인 접촉에 의한 전파 [예] 문익점의 목화씨

② 간접 전파 : 인쇄물, TV, 인터넷 등의 매개물에 의한 전파

③ 자극 전파 : 타문화 전파 + 발명 [예] 신라 때 한자에 자극받아 이두발명

> **1차 발명** :
> 이전에 존재하지 않았던 새로운 문화 요소를 만들어 냄 [예] 바퀴의 발명
>
> **2차 발명** :
> 이미 존재하는 문화 요소를 조합하거나 응용하여 새로운 문화 요소를 만들어 내는 것
> [예] 자동차의 발명

(3) 문화 접변의 양상

1) **의미** : 서로 다른 문화체계가 접촉을 하면서 변동이 일어나는 것을 문화 접변이라 하며, 문화 접변으로 인한 문화 변동 결과는 문화 동화, 문화 병존, 문화 융합으로 나타남

2) **문화 동화** (A + B = A or B)

① 의미 : 외부 문화 요소에 기존의 문화 요소가 완전히 흡수되어 대체되는 현상

② 특징 : 고유 문화의 정체성 상실

③ 사례 : 아프리카 원주민이 기독교와 이슬람을 믿는 모습

3) **문화 병존** (A + B = A, B)

① 의미 : 기존의 문화 요소와 전파된 문화 요소가 고유한 정체성을 유지하면서 함께 공존

② 특징 : 문화적 정체성 보존, 문화적 다양성 실현

③ 사례 : 한의학과 서양의학의 공존

4) **문화 융합** (A + B = C)

① 의미 : 기존의 문화 요소와 전파된 문화 요소가 결합하여 새로운 문화가 나타나는 것

② 사례 : 인도의 불교 문화와 서양의 미술 문화가 만나 만들어진 간다라 불상, 서양식 웨딩드레스와 폐백이라는 전통 방식이 결합된 우리나라의 결혼식, 유럽의 가톨릭교와 멕시코의 토착 문화가 융합된 과달루페 성모상

전파의 다른 사례들

· 직접 전파 : 7세기 초 고구려의 담징은 일본에 종이와 먹의 제조 방법을 전함
· 간접 전파 : 한국의 드라마와 노래가 인터넷 등을 통해 전 세계로 퍼지면서 한류 열풍이 불고 있음
· 자극 전파 : 문자가 없던 아메리카의 체로키 족은 백인에게서 전파된 알파벳에 자극을 받아 체로키 문자를 만듦

2. 전통 문화의 의의와 계승

(1) 전통 문화의 의미와 의의

1) **의미** : 한 사회에서 과거에 형성되어 세대 간 전승을 통해 오늘날까지 사람들의 생활에 영향을 미치고 있는 고유한 생활 양식 [예] 한글, 김치, 불고기, 한복, 세시풍속

2) **의의** : 과거와 현재를 연결해 줌, 사회 유지와 통합에 이바지함, 한 사회가 갖는 고유한 문화 정체성의 바탕이 됨, 세계 문화의 다양성을 증진시킴

(2) 전통 문화의 창조적 계승

1) **의미** : 전통 문화의 정체성을 유지하면서 현실적 여건에 맞게 재해석하여 새로운 문화 요소와 조화를 이룰 수 있도록 재구성하거나 재창조하면서 계승하는 것

2) **방안** : 전통 문화를 재해석하고 재평가함, 외래 문화를 비판적으로 수용함으로써 전통 문화와 조화를 이루려는 노력이 필요함

03 | 문화상대주의와 보편 윤리적 성찰

1. 문화적 차이와 문화의 다양성

(1) 문화적 차이가 나타나는 이유 : 서로 다른 자연 환경에 적응하면서 달라짐. 인문 환경에 의해서도 달라짐

(2) 문화 다양성 : 그 지역의 환경의 차이로 문화적 다양성이 만들어짐

2. 문화를 이해하는 태도

(1) 자문화 중심주의

1) **의미** : 자기 사회의 문화는 우월하고 다른 사회의 문화는 열등하다고 여기는 태도
2) **장점** : 자문화에 대한 자부심을 통해 사회 통합에 기여함
3) **단점** : 다른 사회의 문화를 배척하는 태도로 이어질 수 있음 → 국수주의, 문화 제국주의, 국제적인 고립을 초래하고 문화 발전도 지체됨
4) **사례** : 중국인의 중화사상, 흥선대원군의 통상수교거부, 나치즘, 유태인의 선민사상 등

(2) 문화 사대주의

1) **의미** : 다른 사회의 문화를 동경, 숭상하여 자기문화를 비하하는 태도
2) **장점** : 다른 문화를 쉽게 받아들일 수 있음
3) **단점** : 자기 문화의 주체성과 정체성을 상실
4) **사례** : 조선시대 선비들의 중화사상, 혼일강리역대국도지도

혼일강리역대국도지도

- 1402년 김시형, 이무, 이회가 만든 세계지도
- 편찬도로 중국을 중심에 놓고 조선을 크게 그린 것을 보아 중화사상이 엿보임
- 현존 동양에서 가장 오랜 세계지도

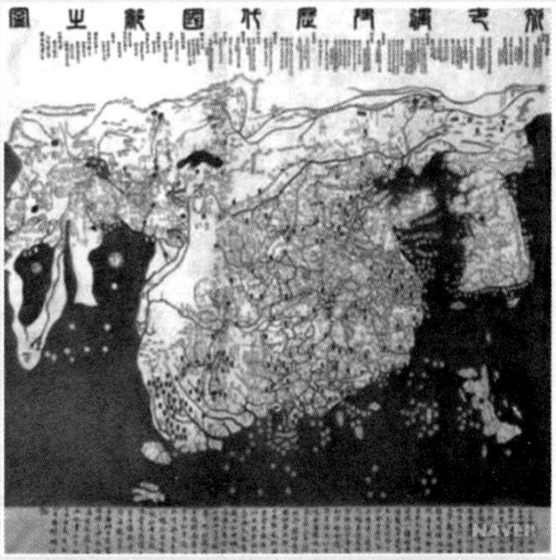

(3) 문화 상대주의

1) **의미** : 다른 사회의 문화는 그 사회의 입장에서 이해해야 한다는 입장
2) **특징** : 각 사회의 문화는 나름의 가치 존재, 우열을 가릴 수 없음, 문화의 특수성을 인정, 역지사지의 입장
3) **장점** : 서로 다른 문화 간의 갈등을 방지하고 문화의 다양성을 보존하는 데 기여함

3. 문화 상대주의의 한계와 보편윤리

(1) 극단적 문화 상대주의

1) **의미** : 인류의 보편적인 가치(윤리, 인권 등)를 무시하는 행위까지도 인정하자는 주장
2) **문제점** : 인류의 보편적 가치를 훼손, 문화의 질적 발전 저해, 타문화에 대한 방관적인 태도와 무관심한 태도 발생
3) **사례** : 인도의 순장(사티)제도 문제, 이슬람의 명예 살인 문제, 중국의 전족 문제 등

(2) 문화에 대한 보편 윤리의 성찰

1) **보편 윤리** : 시대와 사회를 초월하여 모든 사람이 존중하고 따라야 할 행위의 원칙
   예 인간의 존엄성, 생명존중, 자유와 평등, 평화와 정의 등
2) **보편 윤리의 필요성** : 극단적 문화 상대주의는 인류문화 발전에 기여하지 못함. 보편 윤리를 통해 자문화와 타문화를 성찰할 수 있게 됨
3) **보편 윤리의 성찰 방법** : 우리 문화를 보편 윤리의 관점에서 보았을 때 이에 어긋나는 부분이 있으면 고쳐 나가야 함. 다른 문화를 볼 때 그 문화가 보편 윤리의 관점에서 어긋나는 것이 없는지 성찰해 봐야 함

04 | 다문화 사회와 문화적 다양성의 존중

1. 다문화 사회의 이해

(1) 다문화 사회의 의미와 원인

1) **의미** : 다양한 인종, 민족, 종교, 문화를 가진 사람들이 한 사회 안에서 함께 어우러져 살아가는 사회
2) **원인** : 교통수단과 정보 통신 기술의 발달로 세계화가 진전되어 서로 다른 문화권에 속한 사람들 간의 접촉 증가
   예 국제결혼 이민자, 외국인 근로자, 유학생, 북한 이탈 주민 등

외국인 주민 증가 추이

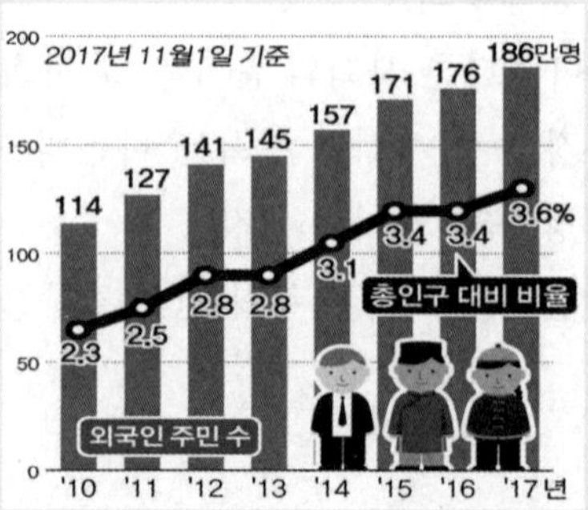

(2) 다문화 사회의 영향

1) 긍정적 영향

① 저출산, 고령화에 따른 노동력 부족 문제 해소에 기여함

② 문화 선택의 기회가 확대되어 일상생활을 더욱 풍요롭게 함

③ 문화 발전 촉진

2) 부정적 영향

① 문화적 차이에 관한 무지와 이해 부족으로 갈등 발생

② 일자리 부족 문제

③ 외국인에 대한 편견과 차별 발생, 외국인 범죄 증가 → 제노포비아(이방인에 대한 혐오현상)의 발생 가능

④ 문화적 충돌 발생 가능

2. 다문화 사회의 갈등 해결 방안과 문화 다양성

(1) 다문화 정책의 종류

1) **용광로(melting pot) 이론** : 서로 다른 금속을 용광로에 넣으면 모두 녹아서 하나가 되는 것처럼 이주민들이 그들의 언어나 문화적 특성 등을 버리고 기존의 지배적인 문화에 완전히 동화된다고 봄 (주류문화 동화정책)

2) **샐러드 볼(salad bowl) 이론** : 샐러드 볼 안에서 각기 다른 맛과 색을 가진 다양한 채소와 과일들이 고유한 맛을 지키면서도 조화를 이루는 것처럼, 모든 문화가 자기만의 독특한 특성을 유지하면서 기존 문화와 공존할 수 있다고 봄

(2) 우리나라의 다문화 정책

1) **초기** : 이주민을 우리 문화에 일방적으로 동화시키려 한다는 비판을 받음

2) **최근** : 샐러드 볼 정책을 수용하여 문화의 다양성을 강조 → 다양성 보호를 위한 법 제정, 다양한 집단의 문화가 우리 사회 내에서 공존할 수 있도록 보장하려는 노력이 강조되고 있음

(3) 다문화 사회의 갈등 해결 방안

1) **개인적 차원** : 개방적 자세를 바탕으로 다른 문화에 대한 편견이나 고정관념을 버리고 관용과 문화 상대주의적 태도 함양 → 세계 시민 의식 필요

2) 사회적 차원

① 다문화 교육 강화 : 이주민들의 사회 적응을 위한 언어교육, 다양한 체험 행사 등의 다문화 교육 확대로 문화적 차이에 따른 갈등 예방

② 법과 제도적 지원 확대 : 이주민들의 권리 보장과 편견 및 차별로부터 보호받을 수 있도록 관련법 정비

예 다문화 가족 지원법, 외국인 근로자의 고용 등에 관한 법률 등

기타 다문화 이론

· 모자이크 이론 : 다양한 조각들이 모여 하나의 모자이크가 되듯이, 여러 이주민 문화가 모여 하나의 모자이크를 완성함

· 국수대접 이론 : 국수가 주된 내용이지만 고명이 부수적으로 있어 맛을 더하듯이, 주류 문화의 정체성을 유지하면서 비주류 문화가 공존함

01 문화적 특성이 비교적 넓은 지역에 걸쳐 유사하게 나타나는 범위를 (　　　　)이라고 한다.

02 이슬람권에서는 (　　　　)고기를 먹지 않고 힌두교 문화권에서는 (　　　　)고기를 종교적 이유로 먹지 않는다.

03 동아시아 문화권에서는 유교와 (　　　　)교, (　　　　)와 젓가락 등의 공통점을 볼 수 있다.

04 (　　　　　　) 문화권에서는 라틴족과 가톨릭교가 기본으로 지중해성 기후와 수목농업, 관광산업이 중심이다.

05 기존에 존재하지 않았던 새로운 문화 요소를 만들어 내는 것을 (　　　　)이라고 하고 기존에 있었지만 알려지지 않았던 것을 찾아내는 것을 (　　　　)이라고 한다.

06 새로운 문화 요소의 등장으로 기존 문화가 없어지고 새로운 문화 요소로 대체되는 것을 (　　　　　　　　)라고 한다.

07 외래 문화와 기존 문화가 결합해 새로운 문화 요소가 만들어지는 문화변동양상을 (　　　　　　　　)이라고 한다.

08 자기 문화가 우월하고 다른 문화는 열등하다고 보는 문화이해 태도를 (　　　　　　)주의라고 한다.

09 다른 문화를 우월하다고 믿고 자신의 문화는 열등하다고 보는 태도를 (　　　　　)주의라고 한다.

10 문화의 특수성 및 상대성을 지나치게 강조해 인류의 보편적 가치를 무시하는 문화마저도 인정한다는 것을 (　　　　　　)주의라고 한다.

11 세계화로 국가 간 인구 이동으로 외국인 주민이 증가해서 만들어지는 사회를 (　　　　　) 사회라고 한다.

12 자기만의 독특한 특성을 유지하면서 기존 문화와 공존할 수 있다는 이론을 (　　　　　　) 이론이라고 한다.

정답

1. 문화권	2. 돼지, 소	3. 불, 한자	4. 남부유럽
5. 발명, 발견	6. 문화동화	7. 문화융합	8. 자문화 중심
9. 문화 사대	10. 극단적 문화 상대	11. 다문화	12. 샐러드 볼

08 세계화와 평화

01 | 세계화의 양상과 문제의 해결

1. 세계화와 지역화

(1) 세계화

1) **의미** : 국제 사회의 상호 의존성 증가로 민족 및 국가의 경계가 약화되면서 세계가 하나로 통합되는 현상

2) **영향** : 동질적인 문화 경관의 확산, 국가 간 경계를 넘나드는 문화, 자본, 정보 등의 증가, 한 지역에서 발생한 사건이 세계 여러 지역에 영향을 끼침

(2) 지역화 : 지역의 생활 양식이나 사회 문화, 경제 활동 등이 세계적 차원에서 가치를 지니게 되는 현상

(3) 세계화와 지역화의 확산 배경

1) **교통과 통신의 발달** : 거리 극복에 드는 이동 시간과 비용이 감소하면서 물리적 거리의 중요성이 감소하고 이동범위가 확대됨

2) **지역 간 상호 의존성의 증가** : 생활권이 확대되고 지역 간 인구 물자 정보 교류가 증가하면서 지역 간 상호 작용이 활발해짐

3) **국제 사회의 변화** : 세계 무역 기구(WTO)의 출범으로 상품, 서비스 등의 자유로운 이동이 확대됨, 지역 및 국가 간 생산의 전문화를 통한 국제적 분업(공간적 분업)이 확대됨

2. 세계화에 따른 공간적 경제적 변화

(1) 세계 도시

1) **의미** : 세계화 시대에 국가의 경계를 넘어 세계적인 중심지 역할을 수행하는 도시 (뉴욕, 런던, 도쿄 등)

2) **등장 배경** : 교통과 통신의 발달에 따른 경제 활동의 세계화, 각 국가의 경제 개방 및 국가 간 자유 무역 확대, 다국적 기업의 활발한 활동과 자본 및 금융의 국제화 등

3) **특징** : 생산자 서비스업의 발달, 국제 정치의 중심지 (다양한 국제기구의 본부 입지), 고도의 정보 통신 네트워크 발달, 최신의 교통체계 발달

(2) 다국적 기업

1) **의미** : 국경을 넘어 세계적으로 생산과 판매 활동을 하는 기업

2) **등장 배경** : 교통과 통신의 발달로 국가 간 상호 교류 및 의존성 강화, 세계 무역 기구(WTO)의 등장과 자유 무역 협정(FTA)의 확대 등으로 인한 경제 활동의 세계화

3) **특징**

① 공간적 분리(국제 분업) : 기업의 기획 및 관리, 연구, 생산, 판매 기능이 세계적인 범위에서 공간적으로 분리 → 본사는 본국의 대도시, 연구와 개발을 담당하는 연구소는 선진국, 생산 공장은 주로 저렴한 노동력이 풍부한 개발도상국에 입지

4) **영향**

① 긍정적 : 본국은 더 많은 이익창출, 투자대상국은 일자리 창출과 기술 이전의 기회

② 부정적

㉠ 본국의 산업공동화 현상으로 실업률 증가

㉡ 투자대상국은 자국의 경쟁력이 낮은 산업의 쇠락, 다국적 기업에 대한 의존도 심화문제 발생

3. 세계화에 따른 문제점과 해결 방안

(1) 문제점

1) **국가 간 빈부 격차**

① 내용 : 선진국과 개발도상국 간의 소득 격차 확대

② 원인 : 자유무역의 확대로 경쟁력 있는 선진국과 다국적 기업에 부가 집중됨

③ 해결 방안 : 개발도상국의 경제적 자립을 위해 국제기구를 통한 지원, 선진국의 투자와 기술이전, 개발도상국 간의 협력 추진, 공정무역의 확대 등

2) **문화의 획일화**

① 내용 : 국가 간의 문화교류가 활발해지면서 전 세계의 문화가 비슷해짐

② 해결 방안 : 자국 문화의 정체성을 유지하면서 외래 문화를 능동적으로 수용하는 자세를 갖추어야 함

3) **보편 윤리와 특수 윤리 간의 갈등**

① 내용 : 인간 존엄성의 존중, 인권보장 등의 보편 윤리가 강조되면서 특수 윤리와 충돌이 발생하기도 함

② 해결 방안 : 보편 윤리를 존중하는 가운데 각 사회의 특수 윤리를 성찰하는 태도를 가짐, 한 사회의 문화를 그 사회 구성원의 입장에서 바라보고 이해하려는 태도를 지녀야 함

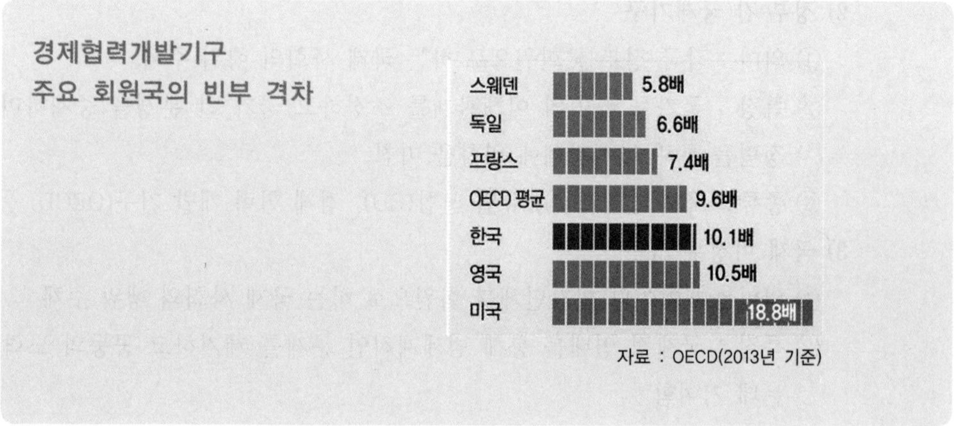

02 | 국제 사회의 모습과 평화의 중요성

1. 국제 사회의 성격과 행위 주체의 역할

(1) 국제 사회의 성격

1) **상호의존** : 세계 각국은 정치, 경제, 사회, 문화를 비롯한 많은 부분에서 밀접한 관계를 맺고 상호의존하고 있음

2) **경쟁, 갈등, 분쟁**

① 국제 사회는 자국의 이익을 우선적으로 추구하기 때문에 개별 국가들은 치열하게 경쟁하고 있으며 그 과정에서 갈등이나 분쟁이 발생하기도 함

② 자국의 이익 추구, 민족, 인종, 종교의 차이로 인한 갈등, 영토와 역사 문제로 인한 갈등 등 다양한 원인들이 복합적으로 작용해서 갈등으로 나타남

3) **협력 증가**

① 국가 간 의존이 심해지고 한 국가만의 노력으로 해결할 수 없는 문제가 증가하면서 국제 협력도 증가하고 있는 추세임

② 국제 협력 사례 : 국제연합을 통한 평화유지, 국제스포츠대회(올림픽, 월드컵 등), 환경관련 조약(기후변화협약, 생물다양성보존협약 등)

(2) 국제 사회의 행위 주체와 역할

1) 국가

① 의미 : 국제 사회를 구성하는 가장 기본적인 행위 주체, 독립적인 주권 행사 주체

② 특징 : 국제 사회에서 법적 지위를 갖고 공식적인 활동을 할 수 있는 자격이 있으며, 자국의 이익과 자국민 보호를 위한 외교 활동을 최우선으로 함

2) 정부 간 국제기구

① 의미 : 각국 정부를 회원으로 하는 국제 사회의 행위 주체

② 특징 : 국가들 사이의 이해관계를 조정하고 국가 간 분쟁을 중재하며, 국제 규범 정립을 통해 국제관계에 영향을 미침

③ 종류 : 국제 연합(UN), 유럽 연합(EU), 경제 협력 개발 기구(OECD) 등

3) 국제 비정부 기구

① 의미 : 개인이나 민간단체를 회원으로 하는 국제 사회의 행위 주체

② 특징 : 국제적 연대를 통해 범세계적인 문제를 제기하고 공동의 노력을 이끌어내는데 기여함

③ 종류 : 그린피스(Greenpeace), 국제 사면 위원회(AI), 국경 없는 의사회(MSF) 등

4) **기타** : 다국적 기업, 지방정부, 전직 국가 원수나 노벨상 수상자처럼 국제적 영향력이 강한 개인 등

2. 평화의 의미와 중요성

(1) 평화의 의미

1) **소극적 평화** : 전쟁, 테러와 같은 물리적 폭력이 없는 상태 → 빈곤, 인권 침해 같은 낮은 삶의 질에 의한 고통을 설명하기 어려움

2) **적극적 평화** : 직접적 폭력의 근본 원인인 구조적 폭력, 문화적 폭력까지 해소된 상태 → 구조적 폭력의 문제가 해소되어 인류가 경제적 빈곤 차이, 정치, 군사적 영향력의 차이가 없는 평등하고 자유로운 상태를 의미함

(2) 평화의 중요성

1) **인류 안전과 생존의 바탕** : 두 차례의 세계대전, 난징대학살, 나치의 유태인 학살(홀로코스트) 등을 통해 알 수 있듯이 생존의 위협과 고통 및 공포에서 벗어나기 위해서는 국제 사회에서 평화를 실현해야 함

2) **인류 번영 도모** : 평화는 자연환경, 인공건축물, 문화유산을 보존하여 물질적 풍요와 정신적 문화의 가치를 현재 세대뿐만 아니라 미래 세대까지 안정되게 누릴 수 있도록 해 줄 것임

3) **국제 정의 실현** : 우리가 살아가는 세계에 직접적 폭력과 함께 구조적 폭력이 사라진 상태인 적극적 평화가 실현된다면 국제 사회는 다양한 문화가 조화를 이루며 행복, 복지, 번영을 누리는 상태로 발전하게 될 것임

갈퉁의 평화

“폭력이란 인간의 기본적인 욕구를 무시하는 것이다. 그것은 생존에 대한 욕구, 복지에 대한 욕구, 정체성에 대한 욕구, 자유에 대한 욕구를 무시하는 것이다. 그리고 이러한 폭력에는 직접적 폭력, 구조적 폭력, 문화적 폭력이 있다. 직접적 폭력이란 폭력의 결과를 의도한 행위자가 존재하는 폭력이며, 구조적 폭력이란 사회구조나 제도로부터 비롯되는 폭력으로 익명인 경우가 많다. 문화적 폭력이란 종교나 사상, 언어처럼 상징적인 것으로 직접적, 구조적 폭력을 정당화하는 기능을 수행하는 폭력이다.”

갈퉁은 평화의 개념을 ‘소극적 평화’와 ‘적극적 평화’로 구분하였다. 갈퉁은 물리적 폭력이 없는 소극적 평화를 넘어 구조적 폭력과 문화적 폭력을 인식하고 이를 해결하는 것이 적극적 평화 실현을 위해 중요하다고 했다.

03 | 남북 분단 및 동아시아 갈등과 국제 평화

1. 남북 분단의 평화적 해결

(1) 남북 분단의 배경

1) **국제적 배경** : 냉전 체제 하에서 미국과 소련이 북위 38도선을 경계로 한반도를 분할 점령함

2) **국내적 배경** : 민족 내부의 응집력과 통일에 대한 역량 부족, 6 · 25 전쟁 발발 후 분단의 고착화

(2) 통일의 필요성

1) **인도주의적 요청** : 분단이 지속되면서 이산가족은 가족과 헤어진 아픔으로 고통받고 있음

2) **민족 동질성 회복** : 남과 북이 서로 다른 체제와 이념 속에 살면서 공통의 문화가 사라지고 있음

3) **민족의 경제적 발전과 번영** : 분단의 장기화로 발생하는 소모적 비용을 절감하고, 남한의 기술력과 북한의 노동력 및 자원을 효율적으로 활용해 경제 발전과 복지 사회 건설을 위해 사용할 수 있음

4) **세계 평화에 기여** : 통일은 한반도와 동아시아를 넘어서 세계 평화 정착에 기여할 수 있음

(3) 통일을 위한 노력 : 남북한 간 지속적인 평화적 교류와 협력 추진, 통일에 우호적인 국제 환경 조성 노력

2. 동아시아의 역사 갈등

(1) 동아시아 역사 갈등

1) 역사 인식 문제

① 일본의 역사 왜곡 : 독도에 대한 부당한 영유권 주장, 일본 교과서에 식민지 지배와 침략 전쟁을 정당화함, 일본군 위안부 문제, 야스쿠니 신사 참배 문제 등

② 중국의 동북공정 : 현재의 영토를 확고히 하기 위해 한반도 북부와 만주에서 활동했던 고조선, 고구려, 발해 등의 역사를 모두 중국의 역사라고 주장

2) 영토 분쟁

① 쿠릴열도 남부의 4개 섬(북방 4도, 러시아의 실효지배에 대해 일본이 반환요구 중)

② 센카쿠열도(중국명 '댜오위다오', 일본이 실효지배 중이나 중국과 대만이 자국영토로 주장 중)

③ 시사군도(파라셀제도, 중국의 영유권 주장에 베트남이 반발)

④ 난사군도(스프래틀리 군도, 중국의 영유권 주장에 베트남, 말레이시아, 브루나이, 필리핀, 타이완의 영유권 주장 충돌)

남중국해의 영토 분쟁 지역
- 시사군도, 난사군도, 센카쿠열도

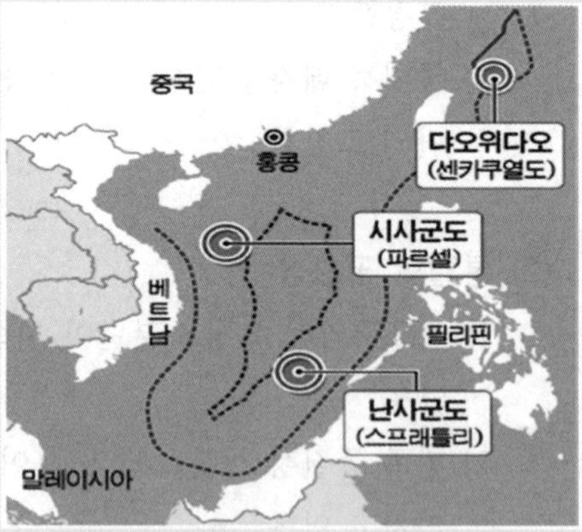

(2) 동아시아 역사 갈등 해결을 위한 노력

1) 공동 역사 연구 : 한국 · 중국 · 일본의 학자, 교사, 시민들이 동아시아 근현대 공동 교재를 발행

2) **민간 교류 확대** : 각국의 학교, 시민단체, 지방자치 단체 사이에 청소년 방문 등의 민간 교류를 확대하여 공동의 역사 인식을 갖기 위해 노력

3. 국제 평화에 기여하는 대한민국

(1) 세계 속의 우리나라

1) **지정학적 측면** : 유라시아 대륙과 태평양을 연결하는 지리적 요충지에 위치

2) **정치, 경제적 측면** : 경제협력개발기구(OECD), 아시아태평양경제협력체(APEC) 등 각종 국제기구에서 주도적인 활동을 하고 있으며, 국제 연합 안전 보장 이사회의 비상임 이사국을 역임하는 등 정치적 영향력 증가

3) **문화적 측면** : 전통문화의 우수성을 인정받아 여러 문화재가 유네스코 세계 문화유산으로 등재, 드라마와 K-pop 등 대중문화의 한류 열풍 확산

(2) 국제 평화를 위한 노력

1) **국가적 차원**

① 분단 극복을 통한 동아시아 지역의 긴장 완화

② 해외 원조를 통해 국제 사회 평화를 위해 이바지

③ 분쟁, 테러, 전쟁 등에 평화 유지군 파견 등 적극적인 평화 유지 활동 전개

④ 친환경 산업 발전 및 탄소 배출량 감축 등으로 지구 온난화 방지와 환경 보호에 적극 동참

2) **개인, 민간단체 차원** : 국제 비정부 기구에 참여하여 반전 및 평화 운동을 펼치는 등의 다양한 활동 전개

통일관련 비용

- 분단비용 : 분단 상태에 따라 발생하는 군사비, 체제유지비 등으로 민족경쟁력을 약화하는 결과를 초래
- 평화비용 : 북한과의 교류와 협력을 위한 비용으로 분단비용을 줄여주고 통일비용을 줄일 수 있는 비용
- 통일비용 : 통일 후 남북 간의 격차를 줄이기 위한 재건비용으로 평화비용을 충분히 지불하면 통일비용을 줄일 수 있음

01 국제 사회의 상호 의존성 증가로 세계가 하나되는 현상을 ( )라고 한다.

02 지역의 특성을 살려 차별적이고 독특한 이미지를 만들고 이를 통해 부가가치를 창출하는 방법을 ( )이라고 한다.

03 국경을 넘어 세계적으로 생산과 판매활동을 하는 기업을 ( ) 기업이라고 한다.

04 전 세계의 문화가 비슷해져 가는 현상을 ( )라고 한다.

05 세계 무역질서를 세우고 자유무역이행을 감시하는 국제기구는 ( ) 이다.

06 자국의 산업을 보호하고 관세를 부과하는 등 인위적인 무역제한을 시도하는 것을 ( )무역이라고 한다.

07 타국 생산자에게 정당한 가격을 지불하고 수입하는 윤리적 무역 행위를 ( )이라고 한다.

08 ( )는 개인이나 민간단체를 회원으로 하는 국제사회주체로서 대표적인 사례로 그린피스 등을 들 수 있다.

09 (　　　) 평화는 전쟁, 테러, 범죄 등이 발생하지 않는 상태를 의미한다.

10 (　　　) 폭력은 빈곤, 독재, 경제적 착취, 사회적 차별과 소외 등 사회 구조에서 발생하는 폭력을 의미한다.

11 (　　　) 폭력은 종교, 사상, 언어, 예술 등의 문화적 영역이 직접적 폭력을 가하거나 구조적 폭력을 정당화하는 데 이용된다.

12 청일전쟁 이후 일본이 차지했는데 중국과 타이완이 자국의 영토라고 주장하면서 문제되고 있는 곳은 (　　　)이다.

13 분단에 따른 군사비 등을 (　　　)비용이라고 하고 북한과의 교류를 위한 비용을 (　　　)비용, 통일 후 북한지역 재건 비용을 (　　　)비용이라고 한다.

14 일본이 1905년 시마네현의 고시로 (　　　)가 자국영토로 편입되었다고 왜곡된 주장을 하고 있다.

15 남중국해 지역의 (　　　)군도와 (　　　)군도 지역은 중국의 영유권 주장으로 인해 주변 베트남, 필리핀, 인도네시아 등과 갈등을 빚고 있다.

정답 1. 세계화 2. 장소마케팅 3. 다국적 4. 문화의 획일화 5. 세계무역기구(WTO) 6. 보호 7. 공정무역 8. 국제비정부기구 9. 소극적 10. 구조적 11. 문화적 12. 센카쿠(댜오위다오) 13. 분단, 평화, 통일 14. 독도 15. 시사, 난사

09 미래와 지속가능한 삶

01 | 세계 인구와 인구 문제

1. 세계의 인구

(1) 세계의 인구 변화와 인구 분포

1) **세계의 인구 변화** : 산업화 이후 생활수준의 향상, 의학 기술 발달 및 위생 시설 개선으로 인한 평균 수명의 연장으로 급격히 증가

① 선진국 : 18세기 말 ~ 20세기 초까지 인구가 빠르게 증가, 1960년대 이후 출생률 감소

② 개발도상국 : 2차 대전 후 산업화로 인구가 빠르게 증가, 높은 인구 증가율

세계 인구 성장

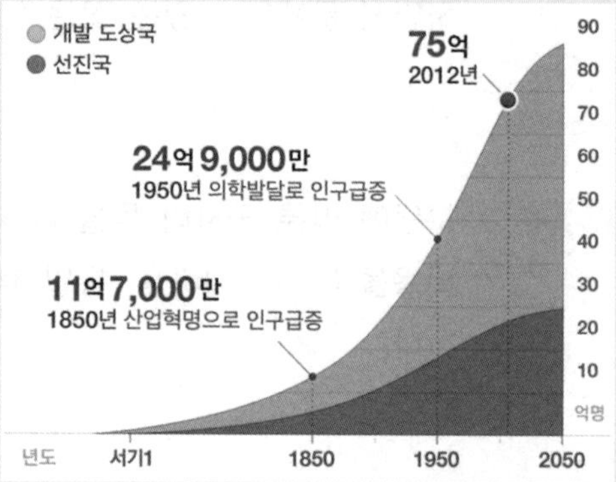

2) **세계의 인구 분포** : 세계 인구의 90%가 북반구에 위치 (주로 아시아와 유럽)

① 자연적 요인

㉠ 인구 밀집 지역 : 북반구 온대 기후의 하천 및 해안 지역

㉡ 인구 희박 지역 : 건조 기후와 한대 기후 지역, 산악 지대

② 사회, 경제적 요인 : 산업, 교통, 문화 등 → 농업이 발달하여 식량 사정이 양호한 곳, 공업이 발달하여 일자리가 많은 곳, 임금 수준이 높은 선진국 등에 인구 집중

(2) 선진국과 개발도상국의 인구 구조와 세계 인구 이동

1) 선진국과 개발도상국의 인구 구조 비교

구분	선진국	개발도상국
출생률	낮다	높다
유소년층 인구 비중	낮다	높다
노년층 인구 비중	높다	낮다
평균 기대 수명	길다	짧다
중위 연령	높다	낮다

2) 세계의 인구 이동

① 경제적 이동 : 개발도상국에서 임금 수준이 높고 일자리가 많은 선진국으로 이동, 최근의 인구 이동이 이에 해당함

② 정치적 이동 : 전쟁이나 분쟁 등을 피하기 위한 이동 [예] 시리아, 아프가니스탄 등 분쟁이 잦은 서남아시아와 아프리카 등에서의 난민 이동

③ 환경적 이동 : 사막화, 지구온난화로 인한 해수면 상승 등 환경 재앙을 피해 이동

2. 세계의 인구 문제와 해결 방안

(1) 세계의 인구 문제

1) 인구 과잉문제 (주로 개발도상국에서 발생)

① 개발도상국의 대도시의 경우 과도하게 인구가 몰리면서 기반 시설 부족 문제 발생

② 급격한 사망률 감소와 여전히 높은 출생률에 따른 인구 급증 → 식량 및 자원 부족 문제 유발, 기아와 빈곤, 실업 등 발생

2) 저출산, 고령화 문제 (주로 선진국에서 발생)

① 저출산의 원인과 영향

㉠ 원인 : 여성의 사회 활동 증가, 결혼 및 출산에 대한 가치관의 변화

㉡ 영향 : 노동력 부족, 잠재 성장률 하락, 소비 감소로 인한 경기 침체 등 발생

② 고령화 문제의 원인과 영향

㉠ 원인 : 의학 발달과 생활수준 향상에 따른 평균 수명 연장과 저출산으로 노인 비율 증가

㉡ 영향 : 노인을 위한 사회적 비용 증가, 세대 간 갈등 문제 발생

3) 인구 이동에 따른 문제

① 인구 유입 국가 : 문화가 서로 다른 이주민과 원거주민 간의 갈등 발생, 경제활성화

② 인구 유출 국가 : 노동력 부족, 사회적 분위기 침체, 국외 진출 노동자들의 본국 송금 증가

(2) 인구 문제의 해결 방안

1) 선진국과 개발도상국의 인구 문제 해결 방안

① 선진국

㉠ 저출산 대책 : 출산비용과 육아비용 지원, 보육 시설 확충, 유급 출산 휴가 확대 등

㉡ 고령화 대책 : 노인 일자리 확대 및 정년 연장, 사회보장제도 정비, 노인 복지 시설 확충 등

② 개발도상국

㉠ 인구과잉 문제 대책 : 경제 발전, 식량 증산, 출산억제 정책

㉡ 대도시 인구 과밀 문제 대책 : 도시 기반 시설 정비, 촌락의 생활환경 개선, 중소도시 육성 등

2) **가치관의 변화를 통한 인구 문제 해결 방안** : 가족 친화적 가치관 확대, 양성평등 문화 확립, 세대 간 정의 실현(미래세대에 부담을 주지 않는 발전 방법 모색) 등

02 | 세계의 자원과 지속가능한 발전

1. 세계의 자원

(1) 자원의 의미와 특성

1) **자원의 의미** : 인간에게 이용가치가 있고 기술적, 경제적으로 개발이 가능한 것

2) **자원의 특성**

① 유한성 : 언젠가 자원은 고갈됨 예 석유, 석탄 등

② 가변성 : 시간과 장소, 기술의 발달, 경제성의 변화 등으로 자원의 가치가 달라짐 예 과거의 석유는 가치가 없었으나 내연기관의 발달로 현재는 매우 중요한 자원이 됨

③ 편재성 : 지구상에 고르게 분포되어 있지 않음 예 자원민족주의, 자원의 무기화 현상

(2) **세계의 자원 소비량 변화** : 인구 증가와 산업발달로 지속적으로 증가 → 특히 에너지 자원의 소비량이 빠르게 증가

(3) 주요 에너지 자원의 종류와 특징

1) 석유

① 신생대 지층 배사구조에 매장, 서남아시아 페르시아만에 약 50% 분포

② 특징 : 운송수단과 산업원료 등으로 이용, 수송과 저장, 사용이 편리해서 현재 가장 사용 비중이 높은 에너지 자원, 지역적 편재성이 매우 커서 국제적 이동량 많음, 국제경제와 정치에 매우 영향력이 높은 자원으로 OPEC(석유수출국기구)에서 생산량을 조절

2) 석탄

① 고생대 지층, 북반구 냉·온대 지역, 호주 등 넓은 지역에 분포

② 산업혁명 이후 증기기관의 연료와 제철 공업의 원료로 사용되면서 폭발적인 수요 증가

③ 무연탄, 역청탄, 갈탄, 토탄, 이탄 등으로 구분

④ 생산지와 소비지가 비슷해 국제적 이동 적음

3) 천연가스

① 주로 석유 생산지에 함께 생산, 러시아, 미국 등에서 주로 생산

② 에너지 효율 높고 오염물질 배출이 적은 비교적 청정 에너지

③ 가정용 난방연료로 사용, 자동차와 화력발전 연료로도 사용

④ 액화기술의 발달로 장거리 수송가능해지면 국제적 이동량과 수송량은 증가 추세

(4) 자원의 분포와 소비에 따른 문제점

1) 국가 간 갈등

① 자원 민족주의의 심화로 자원 보유국과 자원 수입국 간의 분쟁 심화

② 자원 개발권을 둘러싸고 국가 간 영역 분쟁 심화

석탄과 석유의 이동

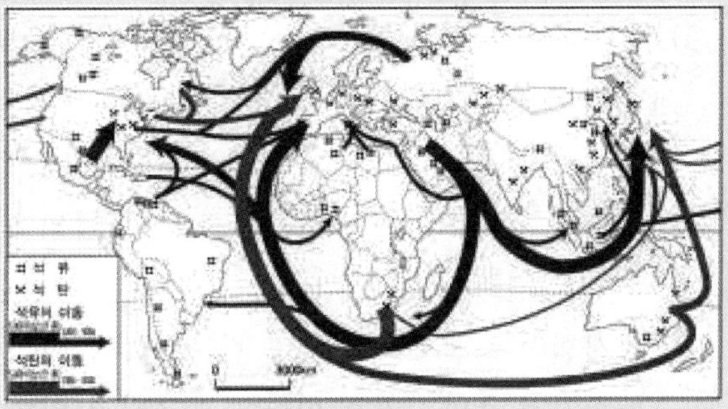

2) **자원 고갈** : 인구 증가와 산업 발달로 에너지 자원의 소비가 빠르게 증가하면서 자원 고갈 문제가 나타날 것으로 예상

3) **환경 문제** : 자원의 개발, 이용 과정에서 환경 파괴 → 생태계가 파괴되어 생물 종 감소

4) **에너지 소비의 격차 심화** : 에너지 소비 상위 10개국이 전체 화석 에너지 소비량의 50% 이상 차지 → 빈곤 지역은 전기 없이 생활하거나 땔감 등을 연료로 사용

> **자원민족주의**
>
> 천연자원은 이를 생산하는 국가의 것이라고 여기고 자원을 무기화하여 자원의 지배권을 확대하려는 움직임을 말한다. 특히 석유자원과 구리, 희토류 등에서 이러한 생각들이 나타나고 있다.

2. 지속 가능한 발전을 위한 방안

(1) 지속 가능한 발전의 의미와 등장 배경

1) **의미** : 미래 세대가 그들이 필요를 충족시킬 가능성을 손상시키지 않는 범위에서 현재 세대의 성장을 추구하는 발전

2) **등장** : 1972년 로마 클럽에서 발표한 〈성장의 한계〉 라는 보고서에서 처음 등장

3) **구체적인 방안**

① 세대 간 형평성 : 다음 세대에 부담주지 않기

② 삶의 질 향상 : 친환경적인 농산물, 사회적 안정, 건강

③ 사회적 통합 : 부의 균등 분배, 정치참여 기회 확보

④ 국제적 책임 : 지구적 차원의 협력

(2) 지속 가능한 발전을 위한 노력

1) **국제적, 국가적 노력**

① 전 지구적 차원의 환경 문제의 경우 국제 사회가 국제 협약을 통해 해결해야 함

② 경제적 측면 : 지속할 수 있고 안전한 에너지 체계 구축을 위해 신재생에너지의 보급 확대를 위한 제도 실시, 개도국의 빈곤 문제 해결 및 경제 사회 발전, 공적 개발 원조 실시

③ 사회적 측면 : 사회 계층 간 통합을 위한 사회 취약 계층 지원 제도 실시

④ 환경적 측면 : 기후 변화에 대응하기 위해 온실가스 감축 제도 실시

2) **개인적 노력**

① 윤리적 소비 실천 : 사회 정의와 형평성을 위해 지구촌의 구성원으로서 건강한 시민의식을 가짐

② 친환경적인 생활 방식 실천 : 자원 절약 및 물건 재활용, 로컬 푸드 구매하기, 공정 무역 제품 이용하기, 사회적 취약 계층이나 빈곤국 주민 후원하기, 재능을 나누는 봉사 활동에 참여하기 등

03 | 미래 지구촌의 모습과 내 삶의 방향

1. 미래의 예측

(1) 미래 예측의 필요성

1) 미래 사회에 유연하게 대응할 수 있음 → 변화를 예측하고 이끈 국가는 세계의 중심에 설 수 있게 됨

2) 미래에 대한 예측과 준비를 철저히 해야 개인, 국가 모두 안정적인 발전이 가능해짐

(2) 미래 예측의 방법

1) **전문가 합의법 (델파이법)**

: 각 분야의 전문가에게 설문을 반복하여 특정한 주제에 관해 전문가 집단의 합의를 도출하는 방식

2) **시나리오 기법**

① 시나리오를 작성하여 미래에 대비하는 방법

② 장점 : 가능한 복수의 미래를 가정하여 대비함으로써 미래의 위험을 줄일 수 있음

③ 단점 : 미래에 중요할 수도 있는 시나리오가 무시될 수도 있음

2. 미래 지구촌의 모습

(1) 정치, 경제, 사회적 측면과 환경적 측면에서의 변화 예측

1) **정치, 경제, 사회적 측면**

① 빈부 격차, 문화적 차이, 영토 분쟁 등의 갈등 심화 → 정치적 협력을 통해 분쟁을 줄이고 세계 평화를 유지할 수 있음

② 자유 무역 확대, 자유 무역 협정 체결, 국제기구의 활동 증가 → 국가 간 상호 의존성이 커짐

③ 특정 직업의 소멸로 인한 실업 문제 발생

④ 사이버 범죄(개인정보 유출, 해킹 등), 사생활 침해 등의 문제 증가

2) 환경적 측면

① 최근의 환경 문제는 전 지구적 차원에서 인류의 생존을 위협 → 현재의 환경 문제가 해결되지 않을 경우 지구촌의 생태 환경 악화

② 경제 성장과 인구 증가로 인한 자원 소비량의 증가로 이용 가능한 자원과 환경의 범위 축소 → 지속가능한 발전을 위해 전 지구적 차원의 협력 강화 필요

③ 멸종 위기의 생물 종 복원, 극단적 지형 환경에서도 자랄 수 있는 식용작물 재배 가능

(2) 과학 기술 발달과 미래 지구촌의 모습

1) 정보통신 기술의 발달로 공간, 사물, 데이터 등이 인터넷으로 연결되고 정보를 주고받을 수 있게 됨 → 초연결 사회가 될 것으로 예상

2) 정보화가 고도화되면서 정책이나 의사 결정에 시민들의 참여가 활발해짐 → 개인의 사회적 영향력이 커질 것으로 예상

3) 새로운 교통수단의 발달로 시 · 공간의 제약이 더욱 줄어들 것임 → 하이퍼 루프, 자율주행 자동차

4) 생명 공학의 발달

① 긍정적 영향 : 유전자 분석을 통해 개인 맞춤형 치료, 난치병 치료가능 → 평균수명 증가

② 부정적 영향 : 유전자가 변형된 인간의 탄생 가능 → 인간의 정체성과 도덕적 가치의 혼란이 발생할 수 있음

3. 미래의 삶을 위한 준비

(1) 올바른 인성과 가치관의 정립 : 산업화 · 도시화 · 정보화 등으로 공동체 의식이 약해지고 이기주의적 가치관이 확산됨 → 개방적 태도, 관용 등을 바탕으로 올바른 인성과 가치관을 키우기 위해 노력

(2) 비판적 사고력 증진 : 사회 현상을 비판적으로 분석하여 현대 사회의 변화 양상을 과학적으로 분석하고 사회 문제 발생의 원인, 배경 등을 명확하게 파악할 수 있어야 함

(3) **세계 시민으로서의 공동체 의식 함양** : 지구촌이 하나의 유기체처럼 연결된 공동체로서의 성격이 점차 강해지고 있음 → 세계를 하나의 공동체로 인식하고 세계 시민으로서나 자신이 지구촌의 구성원임을 자각할 수 있어야 함

(4) **개방성과 관용의 정신 지향** : 미래 사회는 문화적 다양성은 물론 개인이 갖는 가치, 신념, 정체성의 다양성이 심화될 것임 → 문화적 차이를 인정하고 다양성을 존중하는 태도 필요

Exercises

Upgrade Social Studies 단 ■ 원 ■ 평 ■ 가

01 세계의 인구는 (   )을 계기로 생활수준의 향상, 의학기술발달 및 위생 시설 개선으로 인한 평균 수명의 연장으로 급격히 증가했다.

02 전쟁이나 분쟁 등을 피하기 위한 이동을 (   ) 이동이라고 한다.

03 선진국은 유소년층의 인구비중이 (   ), 개발도상국은 노년층 인구 비중이 낮다.

04 여성의 사회진출 증가와 결혼 및 출산에 대한 가치관의 변화로 나타난 현상을 (   )이라고 한다.

05 저출산 현상과 의학발달로 인한 평균수명의 연장으로 (   ) 현상이 나타났다.

06 대부분의 자원은 한정되어 언젠가는 고갈될 운명인데 이를 자원의 (   )성이라고 한다.

07 자원은 지구상에 고르게 분포하고 있지 않은데 이를 자원의 (   )성이라고 한다.

08 내연기관의 발명과 자동차의 보급으로 급증한 지하자원은 (   )이다.

09 산업용과 난방용으로 사용되며 액화기술 발달로 최근 사용량이 증가하고 있는 비교적 청정에너지는 (   )이다.

10 미래 세대가 그들의 필요를 충족시킬 가능성을 손상시키지 않는 범위 내에서 현재 세대의 성장을 추구하는 발전을 (   ) 발전이라고 한다.

11 각 분야의 전문가에게 설문을 해서 미래를 예측하는 방법을 전문가 합의법 또는 (   )법이라고 한다.

정답					
	1. 산업혁명	2. 정치적	3. 낮고	4. 저출산	5. 고령화
	6. 유한	7. 편재	8. 석유	9. 천연가스	10. 지속 가능한
	11. 델파이				

사회

인쇄일	2023년 4월 24일
발행일	2023년 5월 1일
펴낸곳	(주)이타임라이프
지은이	편집부
주소	서울시 영등포구 경인로77가길 16 부곡빌딩 401호(문래동2가)
등록번호	2022.12.22 제 2022-000150호
ISBN	979-11-982268-4-6 13370

검정고시 전문서적

기초다지기 / 기초굳히기

"기초다지기, 기초굳히기 한권으로 시작하는 검정고시 첫걸음"

· 기초부터 차근차근 시작할 수 있는 교재
· 기초가 없어 시작을 망설이는 수험생을 위한 교재

기본서

**"단기간에 합격! 효율적인 학습!
적중률 100%에 도전!"**

· 철저하고 꼼꼼한 교육과정 분석에서 나온 탄탄한 구성
· 한눈에 쏙쏙 들어오는 내용정리
· 최고의 강사진으로 구성된 동영상 강의

만점 전략서

"검정고시 합격은 기본! 고득점과 대학진학은 필수!"

· 검정고시 고득점을 위한 유형별 요약부터
 문제풀이까지 한번에
· 기본 다지기부터 단원 확인까지 실력점검

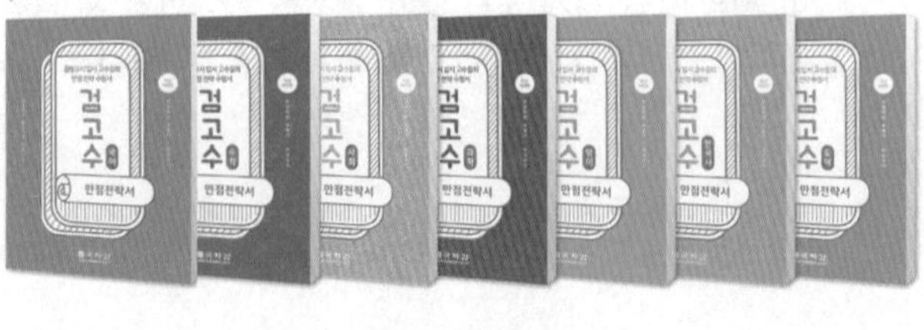

| 한양 프로그램 한눈에 보기 |

· 검정고시반 중·고졸 검정고시 수업으로 한번에 합격!

기초개념	기본이론	핵심정리	핵심요약	파이널
개념 익히기	과목별 기본서로 기본 다지기	핵심 총정리로 출제 유형 분석 경향 파악	요약정리 중요내용 체크	실전 모의고사 예상문제 기출문제 완성

· 고득점관리반 검정고시 합격은 기본 고득점은 필수!

기초개념	기본이론	심화이론	핵심정리	핵심요약	파이널
전범위 개념익히기	과목별 기본서로 기본 다지기	만점 전략서로 만점대비	핵심 총정리로 출제 유형 분석 경향 파악	요약정리 중요내용 체크 오류범위 보완	실전 모의고사 예상문제 기출문제 완성

· 대학진학반 고졸과 대학입시를 한번에!

기초학습	기본학습	심화학습/검정고시 대비	핵심요약	문제풀이, 총정리
기초학습과정 습득 학생별 인강 부교재 설정	진단평가 및 개별학습 피드백 수업방향 및 난이도 조절 상담	모의평가 결과 진단 및 상담 4월 검정고시 대비 집중수업	자기주도 과정 및 부교재 재설정 4월 검정고시 성적에 따른 재시험 및 수시컨설팅 준비	전형별 입시진행 연계교재 완성도 평가

· 수능집중반 정시준비도 전략적으로 준비한다!

기초학습	기본학습	심화학습	핵심요약	문제풀이, 총정리
기초학습과정 습득 학생별 인강 부교재 설정	진단평가 및 개별학습 피드백 수업방향 및 난이도 조절 상담	모의고사 결과진단 및 상담 / EBS 연계 교재 설정 / 학생별 학습성취 사항 평가	자기주도 과정 및 부교재 재설정 학생별 개별지도 방향 점검	전형별 입시진행 연계교재 완성도 평가

D-DAY를 위한 신의 한수
검정고시생 대학진학 입시 전문
검정고시 합격은 기본!
대학진학은 필수!
입시 전문가의 컨설팅으로 성적을 뛰어넘는 결과를 만나보세요!
HANYANG ACADEMY
YouTube
HANYANG
ACADEMY

MK 감자유학

Valuable education content provider

We're Experts

우리는 최상의 유학 컨텐츠를 지속적으로 제공하기 위해 정기 상담자 워크샵, 해외 워크샵, 해외 학교 탐방, 웨비나 미팅, 유학 세미나를 진행합니다.
이를 통해 국가별 가장 빠른 유학트렌드 업데이트, 서로의 전문성을 발전시키며 다양한 고객의 니즈에 가장 적합한 유학솔루션을 제공하기 위해 최선을 다합니다.

KEY STATISTICS

30년+ 전통교육그룹

17개 국내최다센터

15년 평균상담경력

24개국 해외네트워크

2,600+ 해외교육기관

Educational

감자유학은 교육전문그룹인 매경아이씨에서 만든 유학부문 브랜드입니다. 국내 교육 컨텐츠 개발 노하우를 통해 최상의 해외 교육 기회를 제공합니다.

The Largest

감자유학은 전국 어디에서도 최상의 해외유학 상담을 제공할 수 있도록 국내 유학 업계 최다 상담 센터를 운영하고 있습니다.

Specialist

전 상담자는 평균 15년이상의 풍부한 유학 컨설팅 노하우를 가진 전문가 입니다. 이를 기반으로 감자유학만의 차별화된 유학 컨설팅 서비스를 제공합니다.

Global Network

미국, 캐나다, 영국, 아일랜드, 호주, 뉴질랜드, 필리핀, 말레이시아 등 감자유학 해외 네트워크를 통해 발빠른 현지 정보 업데이트와 안정적인 현지 정착 서비스를 제공합니다.

Oversea Instituitions

고객에게 최상의 유학 솔루션을 제공하기 위해서는 다양하고 세분화된 해외 교육기관의 프로그램이 필수 입니다. 2천개가 넘는 교육기관을 통해 맞춤 유학 서비스를 제공합니다.

2020
대한민국 교육 산업
유학 부문 대상

2012 / 2015
대한민국 대표
우수기업 1위

2014 / 2015
대한민국 서비스
만족대상 1위

OUR SERVICES

현지 관리
안심시스템

엄선된
어학연수교

전세계 1%대학
입학 프로그램

전문가
1:1 컨설팅

All In One
수속 관리

해외
어학연수
English Language Study

해외
인턴십
Internship

해외
대학유학
University Level Study

해외
초중고유학
Early Study abroad

해외
영어캠프
English Camp

24개국 네트워크 미국 | 캐나다 | 영국 | 아일랜드 | 호주 | 뉴질랜드 | 몰타 | 싱가포르 | 필리핀

국내 유학업계 중 최다 센터 운영!

감자유학 전국센터

강남센터	강남역센터	분당서현센터	일산센터	인천송도센터
수원센터	청주센터	대전센터	전주센터	광주센터
대구센터	울산센터	부산서면센터	부산대연센터	
예약상담센터	서울충무로	서울신도림	대구동성로	

문의전화 **1588-7923**